사장의 원칙

사장의 원칙

최고의 기업에서 배우는 인재경영 전략

신현만 지음

21세기북스

• • •

'제2의 인재 엔진(talent engine)'을 장착하자

한국 경제가 성장 정체의 늪에 빠졌다는 얘기가 나온 지도 벌써 10여 년이 지났습니다. 그런데 최근 들어 한국 경제의 중심축을 이루던 제조업이 심하게 흔들리고 있습니다. 조선, 중공업, 철강, 기계, 자동차, 석유화학 등 한국전쟁 이후 한국 경제의 초고속 성장을 이끌었던 제조업 엔진이 1인당 국민소득 3만 달러를 앞둔 시점에서 힘을 잃고 만 것입니다. 1960년대부터 반세기 동안 쉬지 않고 달려왔던 중화학공업 기관차는 이제 낡아서 더 이상 한국 경제 열차를 이끌어가기 어려워졌습니다.

이 때문에 새로운 성장 엔진을 찾는 것은 이제 단순한 희망 사항이 아니라 한국 경제의 절실한 현실이 되었습니다. 기업은 물론 국가 경제적으로도 제2의 성장 엔진을 찾는 일을 더 이상 미룰 수 없게 된 것입니다. 낡은 엔진을 새 엔진으로 교체하지 않으면 한국 경제의 성장 열차가 멈추는 것은 시간문제입니다. 기업들은 금방이라도 멈출 것처럼 덜덜거리는 낡은 엔진 대신 지속 성장을 이끌 강력한 새 엔진을 간절히 원하고 있습니다.

그러나 이 같은 절절한 필요성과 애타는 노력에도 불구하고 아직까지 제2의 성장 엔진이 무엇인지 밝혀내지 못하고 있습니다. 기업인 중 상당수는 기술을 성장 엔진이라고 생각합니다. 비싼 가격에도 잘 팔리는 제품을 만들어내는 매력적인 기술이야말로 최고의 성장 엔진이라고 여깁니다. 이 때문에 연구개발에 회사의 모든 역량을 투입해 누구도 모방할 수 없는 새로운 기술을 개발하려고 합니다. 어떤 경영자들은 새로운 사업, 이른바 블루오션 사업이 제2의 성장 엔진이 될 수 있다며 신규사업을 모색하고 있습니다.

그런데 기술만 있다고 해서 성장할 수는 없습니다. 기술은 상품의 하나일 뿐입니다. 블루오션 신사업 역시 성공 가능성이 높지 않습니다. 어렵게 일군 사업도 커질 조짐이 보이면 금방 경쟁자가 따라붙기 때문입니다. 지속적이고 강력한 성장을 이끌 엔진이라고 보기에 미흡한 구석이 많습니다. 도대체 제2의 성장 엔진은 무엇일까요? 기업들이 성장 정체를 벗어나 기업가치를 획기적으로 끌어올릴 수 있는 방법은 없는 것일까요?

결론부터 말하자면 제2의 성장 엔진은 인공지능이나 블록체인 같은 기술이 아닙니다. 과거에도 그랬고 지금도 그렇고 미래 역시 그럴 것입니다. 한국 경제와 기업의 성장 엔진은 사람이어야 하고 사람일 수밖에 없습니다. 한국 경제가 전후 잿더미 위에 세계적 수준의 기업을 일으킨 것은 전적으로 탁월한 인재 덕분입니다. 한국 사회의 뜨거운 교육열은 인재 양성의 기반이 됐고, 여기서 육성된 이들이 세계적 기업을 일군 것입니다.

그런 점에서 한국 기업의 성장 정체는 곧 사람의 정체입니다. 한국의 제조업이 경쟁력을 잃고 있는 것은 한국 제조업을 이끄는 인재들의 경쟁력이 약해졌기 때문입니다. 지난 50여 년 동안 한국 경제의 눈부신 성과를 이끈 사람들은 (창업 1세대) 정주영, 이병철, 박태준, 김우중 같은 제조업형 인재들이었습니다. 이들은 짧은 시간에 한국의 제조업을 세계적 (기업의) 반열에 올려놓았습니다.

그런데 제조업형 인재의 사업 안목과 경영전략이 더 이상 세계 시장에서 마력을 발휘하지 못하고 있습니다. 따라서 새로운 안목을 갖고 있는 인재를 발굴하고 육성해야 합니다. 물론 새로운 인재 엔진 (talent engine)을 장착하는 데는 시간이 걸리고 비용 부담도 큽니다. 그러나 기업이 성장하려면 인건비 절감 대신 지식과 기술을 갖춘 인재를 확보해야 한다는 것은 만고의 진리입니다.

인재 확보를 통해 생산성을 끌어올릴 수 있다면 제조업체라도 세계 어디에서든 성공할 수 있습니다. GE가 성장 정체의 위기에서 매번 탈출할 수 있었던 것도 강력한 인재 엔진을 장착했기 때문입니다. GE는 회사의 진정한 상품을 전구나 전동기가 아니라 경영 리더들이라고 생각했습니다. 아마존, 구글, 페이스북, 넷플릭스, 징가 같은 세계적 IT 기업들도 뛰어난 인재가 바로 성장 엔진이라 여기고 인재 영입에 총력을 기울이고 있습니다.

이 책은 한국 사회와 기업이 갈망하고 있는 새로운 인재 엔진에 관한 것입니다. 누가 한국 경제를 이끌 새로운 인재 엔진이며, 이들을 어떻게 찾아내 어떻게 영입할 것인가를 집중적으로 다루고 있습니다. 제2의 성장 엔진이 인재라는 것에 동의한다고 해도 그 인재가 어떤 종류의 사람인지 쉽게 알기가 어렵습니다. 또 성장 엔진이 될 인재를 찾았다고 해도 그들이 회사에 입사해서 성과를 거둔다는 보장이 없습니다. 적임자를 찾아 영입하는 것도 중요하지만, 그들이 조직에 잘 적응해서 성과를 내는 것도 그에 못지않게 중요합니다.

제가 일하고 있는 헤드헌팅 회사에는 최근 혁신형 인재를 찾아달라는 기업들의 요청이 늘고 있습니다. 기업들은 불황기에 활로를 열어줄 사람, 성장 정체의 늪에서 빠져나오는 길을 제시하는 사람, 경쟁의 판도를 바꾸는 법을 아는 사람을 찾고 있습니다. 성장 정체를 벗어나는 데 가장 필요한 것은 기술이나 설비, 상품, 마케팅, 영업이 아니라 사람입니다. 경험이 많은 경영자들은 가장 적은 비용으로 가장 큰 효과를 거둘 수 있는 것은 다름 아닌 '인재투자'라고 확신합니다. 말하자면 투자수익률이 가장 높은 분야 중의 하나가 바로 인적자원과 인재관리에 대한 투자라는 것입니다.

동서고금을 막론하고 기업의 성장과 혁신을 주도할 인재로 조직을 채우는 것은 경영자의 최고 과제입니다. 100억 원 가치의 기업을 1천억 원, 아니 1조 원 가치의 기업으로 키우려면 직원들의 가치를 100억 원에서 1천억 원, 1조 원으로 끌어올려야 합니다. 내부 육성은 물론 외부 영입이 필요한 것도 이 때문입니다. 자산이나 이익만으로 회사의 가치를 평가하는 것은 너무 단순한 계산법입니다. 회사의 가치는 기본적으로 직원들의 가치입니다. 따라서 성장을 꿈꾸는 경영자라면 어떻게 해서든 우수한 직원들을 회사에 영입해야 합니다.

이 책에서는 기업이 누구를 어떻게 채용해야 할지, 누구를 중심에 두고 일해야 할지 경영자들의 고민에 관해 상당히 구체적인 해법을 제시하고 있습니다. 더불어 20여 년간 기업에 경영자와 임원, 핵심인재를 추천하는 과정에서 얻은 인재에 관한 노하우도 담았습니다.

이 책의 제목을 '사장의 원칙'으로 정한 것도 조직과 사업을 총괄하고 있는 사장이 지켜야 할 것들을 다루고 있기 때문입니다. 기업은 사람이고, 사업은 사람이 하는 것입니다. 따라서 기업을 잘 경영하고 사업을 잘 이끌어가기 위해서는 우수한 인재를 모아 그들이 자신의 능력을 충분히 발휘할 수 있게 만들어야 합니다. 이를 위해 사장이 꼭 해야 하고, 사장만이 할 수 있고, 사장은 절대 해서는 안 될 것들이 있습니다. 이 책에는 사장이 이것들을 실행하는 과정에서 꼭 지켜야 할 원칙과 추구해야 할 가치, 바라봐야 할 목표, 그리고 선택할 수 있는 방안들을 구체적으로 소개하고 있습니다.

그런 점에서 이 책은 기본적으로 기업의 최고경영자와 경영 임원, 현장에서 사업과 조직을 이끄는 간부, 그리고 인재를 발굴하고 평가하고 배치하는 인사 담당자들이 읽으면 좋겠습니다. 그들의 고민이

들어 있고 그들이 찾는 해법도 제시되어 있기 때문입니다. 아울러 기업이 처한 상황을 알고 싶고, 조직과 사업을 이끄는 간부로 성장하고 싶은 직원들도 읽으면 도움이 될 것입니다. 경영자나 임원들이 어떤 고민을 하고 있고 어떻게 풀어나가고 있는지를 배우는 것이 간부로 성장하는 좋은 방법이기 때문입니다.

　최근 한국의 많은 기업인들이 성장의 날개가 꺾여 괴로워하고 있습니다. 잘나가는 것처럼 보이는 내로라하는 기업들도 안을 들여다보면 무거운 분위기가 감지됩니다. 그만큼 많은 기업인들이 성장 정체 때문에 힘들어하고 있습니다. 경영자와 간부, 인사 담당자들이 이 책을 읽으면서 조금이나마 위안과 도움이 되기를 바랍니다.

2019년 1월,

삼성동 코엑스 거리를 오가는 사람들을 바라보며

차례

● ● ●

 1장

100조 기업을 일군 사장들의
인재경영 기법

2장

되는 기업, 되는 사장의
인재관리는 어떻게 다른가

3장

기업가치 100배 키우는
조직문화

4장

인재경영에서
반드시 피해야 할 오류

100조 기업을 일군
사장들의 인재경영 기법

"역동적인 환경에서 탁월한 인재 없이 성과를 내기는 불가능하다."

– 제프 베조스(아마존 CEO)

넷플릭스는 어떻게
초고속 성장 기업이 되었나

신르네상스, 인재 폭발의 시대

● ● ● ● ● ●

'인류 역사 최고의 순간', '천재성이 폭발한 시대', 이언 골딘(Ian Goldin) 옥스퍼드 대학교 교수는 현재를 이와 같이 신르네상스라고 정의했습니다. 4차 산업혁명을 실현할 기술 혁명이 최절정기에 달해 수많은 기회와 가능성이 발현되는 시기라는 뜻으로 말입니다. 이처럼 어떤 현상이 집약적으로 융성하는 시기를 '르네상스'에 종종 비유하곤 합니다.

500년 전 르네상스의 중심지 이탈리아 피렌체는 그야말로 '천재들의 도시'였습니다. 문학에서는 『신곡』의 단테(Dante Alighieri)와 『데

카메론』의 보카치오(Giovanni Boccaccio), 건축가 브루넬레스키(Filippo Brunelleschi), 도나텔로(Donatello), 알베르티(Leon Battista Alberti), 화가 라파엘로(Raffaello Sanzio), 미켈란젤로(Michelangelo), 레오나르도 다 빈치(Leonardo da Vinci) 등 피렌체는 이들 천재들의 작품으로 만들어진 도시입니다. 금융업으로 막대한 부를 거머쥔 메디치 가문이 문화 사업에 아낌없이 투자하면서 수많은 예술 천재들이 피렌체에 모여들었고, 이들이 서로 경쟁하며 재능을 발휘하면서 르네상스가 꽃을 피운 것입니다.

이처럼 어느 시기와 장소에 인재가 집중되면서 문화와 경제가 융성하는 현상을 우리나라 역사에서도 볼 수 있습니다. 조선 전기의 세종, 중기의 성종, 후기의 영·정조는 인재를 키우고 끌어들이는 데 힘썼고, 이 시기에 특히 역사적인 인물들이 대거 등장하면서 제도와 문화, 예술의 융성기를 맞이했습니다. 하지만 이것은 역사에만 적용되는 것이 아닙니다. 기업 경영도 마찬가지로 인재를 집중적으로 끌어들이고 키우면 융성기, 즉 신르네상스를 맞이할 수 있습니다.

넷플릭스, 연 3배 성장의 비결

● ● ● ● ● ●

요즘 세계적으로 가장 주목받는 기업을 꼽으라고 하면 단연 세계 최대의 영화 스트리밍 서비스 기업 넷플릭스를 들 수 있겠죠. 넷플릭스는 지난 3년간 앱 성장률이 1년에 3배 가까이 높아졌습니다. 그렇다면 넷플릭스는 어떤 전략으로 아마존에 이어 가장 성장률이 높은 기업이 되었을까요?

넷플릭스는 DVD 우편배송 서비스로 시작해서 지금은 세계적인 멀티미디어 엔터테인먼트 기업으로 발돋움했습니다. 넷플릭스의 2018년 2분기 매출액은 39억 1천만 달러, 수익은 3억 8천만 달러(약 4,300억 원)를 훌쩍 뛰어넘었습니다. 전 세계 가입자도 1억 3천만 명을 돌파했습니다. 증시 시가총액은 1,600억 달러를 웃돌면서 100년 가까운 역사를 자랑하는 디즈니에 비견될 정도입니다. 넷플릭스의 생산성은 업계 평균보다 40퍼센트, 수익률도 30~50퍼센트 높습니다.

넷플릭스가 초고속 성장을 하게 된 가장 중요한 요인은 무엇일까요? 바로 기업 문화와 인재관리 정책입니다. 넷플릭스는 역량이 뛰어난 A급 인재만을 채용하고 보유하는 것으로 잘 알려져 있습니다. 이를 위해 직원들에게 회사가 할 수 있는 최대의 보상을 합니다.

넷플릭스 직원들은 성과와 책임만 완수하면 최고 수준의 자유를 누릴 수 있습니다. 인사고과, 출장비, 휴가, 근무시간 같은 가이드라인 없이 각자의 방식으로 일하고, 회사는 오직 '넷플릭스의 이익에 부합하는 행동을 하라'는 지침만 줄 뿐입니다.

그러나 넷플릭스가 절대 방치하거나 묵인하지 않는 것이 있습니다. 직원들 간의 협력이 이뤄지지 않는 것입니다. 큰 성과는 기본적으로 직원들의 자발적 협업에서 나오는 것임을 잘 알고 있기 때문입니다. 직원을 채용할 때 기술이나 경험뿐 아니라 개인의 성격까지 철저하게 분석하는 이유도 여기에 있습니다. 동료들과 협업해서 조직의 성과를 만들어내는 '성숙한 인간형'의 직원을 최고의 인재라고 평가하는 것입니다.

넷플릭스가 벤처기업으로 시작해 세계적인 기업으로 급성장하게 된 비결은 이처럼 최고 수준의 인재관리 시스템과 자발적인 협력을 끌어내는 기업 문화입니다. 특히 넷플릭스는 직원들이 누구와 함께 일하느냐가 직장 생활 만족도에 큰 영향을 미친다는 점을 중시했습니다. 구성원들의 수준이 높을수록 조직이 안정적으로 유지되고 성장할 수 있다는 것입니다.

넷플릭스의 CEO 리드 헤이스팅스(Reed Hastings)는 본격적으로 경영에 참여하면서 직원들을 최고의 인재로 바꿔나갔습니다. 마치 스포츠팀에 새로 부임한 감독이 각 포지션을 최상의 선수로 채우는 것처럼 인재 영입에 적극 나섰습니다. 이 과정에서 헤이스팅스는 공동 창업자인 마크 랜돌프(Marc Randolph)를 포함해 직원의 40퍼센트를 해고했습니다. 역량이 부족하고 열의가 없는 직원을 내보내지 않으면 우수한 인재를 영입하기 어렵고, 영입해도 효과를 볼 수 없다고 생각한 것입니다.

최고의 보상은 무엇인가?

● ● ● ● ● ●

기업 운영에서 가장 어려운 부분 중 하나가 바로 인재관리입니다. 특히 기업이 안정기에 접어들어 제2의 도약을 준비하는 시점에서는 유능한 인재를 영입하는 것은 물론 유능한 직원의 이탈을 막는 것이 무엇보다 중요합니다. 이때 경영자들은 직원들에 대한 보상을 늘리고 복지 수준을 높이면 유능한 인재를 많이 영입할 수 있다고 생각합니다.

하지만 리드 헤이스팅스의 생각은 다릅니다. 그는 직원들에게 초밥과 커피를 제공하고 회사 내에 게임기가 설치돼 있다고 해서 좋은 직장은 아니라고 강조합니다. 자신의 성장에 도움이 되는 유능한 사람들이 모여 있는 곳이야말로 좋은 직장이라는 것입니다. 그는 "직원에게 할 수 있는 최고의 보상은 A급 인재를 뽑는 것"이라면서 "탁월한 동료는 그 어떤 것보다 큰 보상"이라고 역설합니다.

회사를 우수한 인재로 채우는 것은 보상과 복지 수준을 높이고 근무 환경을 개선하는 것 못지않게 직원들의 만족도를 높이는 방법입니다. 특히 역량이 뛰어난 인재일수록 뛰어난 동료들과 일하고 싶은 욕구가 강합니다. 뛰어난 사람들과 함께 일해야 자신도 성장할 수 있으니까요. 우수한 인재들이 모여 있는 조직에서 일한다는 자부심은 그 어떤 물질적 보상보다 더 큰 만족감을 가져다줍니다.

그런 의미에서 리드 헤이스팅스는 자신의 가장 중요한 역할은 조직을 최고의 인재로 꾸리는 것이라고 말합니다. 최고의 인재들이 서로 협력해서 일하는 기업 문화를 만들 때 탁월한 성과를 낼 수 있기 때문입니다.

A급은 A급만 끌어들인다

● ● ● ● ● ● ●

우수한 인재를 영입하는 것이 왜 이처럼 중요할까요? '인이군분(人以群分)'이라는 말이 있습니다. '사람은 같은 무리끼리 모인다'는 뜻으로, 우수한 인재는 또 다른 인재를 모이게 한다는 것입니다.

'인이군분'의 대표적인 사례가 구글 동창회와 페이팔 마피아입니다. 구글과 페이팔 출신의 벤처기업가와 투자가가 유난히 많은 것을 빗댄 말입니다. 대표적인 페이팔 직원 출신으로는 유튜브 설립자 채드 헐리(Chad Hurley), 스티브 첸(Steve Chen), 자베드 카림(Jawed Karim), 전기자동차 기업 테슬라의 일론 머스크(Elon Musk)가 있습니다. 야후의 전 CEO 마리사 메이어(Marissa Mayer), 페이스북 최고운영책임자 셰릴 샌드버그(Sheryl Sandberg)는 구글 임직원을 지냈습니다. 이렇게 구글과 페이팔은 인재의 보고이며, 이곳 출신의 수많은 인재들이 실리콘밸리에서 막강한 영향력을 발휘하고 있습니다.

그렇다면 어떻게 특정 기업에 이렇게 많은 인재들이 모여들 수 있을까요? 구글의 전 회장 에릭 슈미트(Eric Emerson Schmidt)는 『구글은 어떻게 일하는가?(How Google Works)』에서 그 답을 줍니다.

"우수한 인재는 성과 창출뿐 아니라 또 다른 우수한 인력을 끌어들이는 역할을 한다. A급은 A급을 채용하고, B급은 B급뿐 아니라 C급과 D급까지 채용한다. 기준을 낮추거나 실수로 B급을 채용한다면 회사에는 B급, C급, D급들이 늘어날 것이다."

많은 기업가들이 이른바 '직원 만족-고객 만족-회사 만족' 경영 전략을 펼치고 있습니다. 따라서 회사 생활의 만족도를 높이기 위해 직원에 대한 보상과 복지 수준을 높이고 근무 환경을 개선하는 데 초점을 맞춥니다. 하지만 이런 방법만으로는 한계가 있습니다.

회사 생활의 만족도를 높이는 가장 효과적인 방법은 직원들이 우수한 동료들과 함께 일하고 있다는 자부심을 느끼게 만드는 것입니다. 직원들은 회사에 우수한 인재가 들어오면 그만큼 회사의 장래가 밝다고 생각하게 됩니다. 뛰어난 동료와 함께 일하는 것만큼 즐겁고 신명 나는 일도 없습니다. 자신이 탁월한 인재 그룹과 함께 일하고 있다는 소속감이야말로 강력한 동기부여가 될 것입니다.

또한 우수한 인재는 회사의 혁신을 가져올 수 있습니다. 특히 최고경영자나 임원처럼 회사에서 역할과 비중이 큰 자리를 인재로 채운다면 회사는 생각보다 수월하게 성장의 문을 열 수 있습니다.

일본의 공업 기계 부품 제조사 미스미그룹의 이사회 의장 사에구사 다다시는 2002년 최고경영자를 맡은 지 12년 만에 직원 300명의 적자 회사를 직원 1만 명, 매출 2조 원의 세계적인 금형회사로 탈바꿈시켰습니다. 2017년 조사에서 미스미그룹의 최근 5년간 직원 평균 연봉 상승률은 도쿄증권거래소 1부에 상장된 1천 개 기업 가운데 3위였습니다. 사에구사 다다시를 CEO로 영입한 것은 미스미그룹 창업자 다구치 히로시였습니다. 당시 사업 회생 전문가인 사에구사 다다시에게 창업자가 직접 찾아와 경영을 맡아달라고 부탁한 것입니다.

애플의 창업자 스티브 잡스(Steve Jobs)는 펩시콜라의 CEO였던 존 스컬리(John Scully)를 영입하기 위해 많은 공을 들였습니다. 그는 존 스컬리에게 "언제까지 설탕물이나 팔 거냐"면서 자신과 함께 세상을 바꾸자고 제안했습니다. 스티브 잡스의 끈질긴 구애 끝에 마침내 존 스컬리는 1983년 펩시콜라를 떠나 애플의 CEO로 취임했습니다. 존 스컬리는 입사 당시 매출 8억 달러였던 애플을 10년 만에 80억 달러의 세계적인 기업으로 키워냈습니다.

인재 영입의 효과가 이처럼 크고 중요하다는 것을 알면서도 실행에 나서지 못하는 것은 실패할 경우의 부담 또한 크기 때문입니다. 세계적인 경영학자 피터 드러커(Peter Ferdinand Drucker)는 "사람의 성과 창출 능력은 약점이 아니라 강점에 달려 있기 때문에 약점을 찾기보다 단 1퍼센트라도 강점을 찾아서 활용해야 한다"고 강조했습니다. 아무리 강점이 많은 사람도 약점이 있게 마련입니다. 따라서 우수한 인재를 채용하려면 약점을 감수해야 합니다.

그러나 약점을 감수하는 것은 쉽지 않은 게 현실입니다. 인재의 약점으로 인한 폐해가 드러날 경우 영입을 주도한 사람이 책임을 져야 하기 때문입니다. CEO가 직접 나서서 우수한 인재를 영입하는 이유도 여기에 있습니다.

3D 프린터를 만드는 벤처기업 글로우포지(Glowforge)의 CEO 댄 샤피로(Dan Shapiro)는 이렇게 말했습니다. "유능한 인재를 자신의 스타트업으로 영입해 함께 일하자고 설득할 수 없는 사람은 CEO 자질이 없는 것이다."

탁월한 인재를 모으는 것은 최고경영자의 역할일 뿐 아니라, 최고경영자라면 인재 영입에서 능력과 성과를 보여줘야 합니다. 그런 점에서 중소 벤처기업의 경영자일수록 인재 영입에 좀 더 적극적으로 나서야 합니다. 인재 영입이야말로 직원 만족도를 높이고 회사 전체의 경쟁력을 강화하기 위한 첫걸음이기 때문입니다.

구글의 직원 해고
비율이 낮은 이유

구글에는 어떻게 똑똑한 사람들만 있을까

● ● ● ● ● ● ●

'20퍼센트 타임 프로젝트.' 이것은 일주일에 하루를 자신이 원하는 프로젝트에 쏟는다는 뜻입니다. 다시 말해 일주일(5일 근무)에 하루 분량의 근무시간 동안 자유롭게 새로운 아이디어를 개발하는 것입니다. 실제로 G메일, 구글 맵스, 구글 뉴스 등 구글 수익의 절반 이상을 차지하는 아이디어가 이 프로젝트를 통해 나왔습니다.

미국의 경제지 「포춘」이 선정하는 '직원들이 뽑은 가장 일하기 좋은 기업'에서 7년 연속 상위권을 지키고 있는 구글은 '세상에서 가장 똑똑한 사람들이 모인 곳'이라고 불립니다. 구글 본사인 구글플

렉스에 입성하는 사람은 500 대 1의 경쟁률을 뚫고 선발된 최고의 인재들입니다. 구글은 매년 200~300만 개의 입사지원서를 받는데, 정작 선발하는 인원은 7천 명가량입니다. 하버드 대학교의 입시 경쟁률이 14 대 1이라는 점에 견줘보면 구글에 입사하기가 얼마나 어려운지를 짐작할 수 있습니다.

차고 한편에서 3명이 시작한 구글은 올해로 20년째를 맞이하며 전 세계에 직원 7만 3천여 명을 거느린 세계적 기업으로 성장했습니다. 기업이 급속도로 성장하면서 조직의 규모가 커질수록 관료주의에 빠지기 쉽습니다. 그러나 구글은 창업 때 세운 성공의 공식을 그대로 유지하면서 지속적인 혁신을 하고 있습니다.

창업한 지 10년째 되던 해 당시 구글의 CEO 에릭 슈미트의 가장 큰 걱정거리는 사업의 규모가 커지는 것이었습니다.

"문제는 회사가 너무 빨리 성장하고 있다는 겁니다. 인력이 지나치게 늘어나면 성공의 공식을 잃어버릴 수 있습니다."

조직이 비대해지면서 자신들이 유지해왔던 정체성과 원칙이 훼손될까 봐 우려한 것입니다.

그렇다면 구글은 어떻게 20년 동안 스타트업의 창의적인 성공 공식을 유지할 수 있었을까요? 그 비결은 까다로운 테스트를 통한 최고의 인재 선발에 있습니다. 경쟁률에 비해 적은 인원만을 엄선하는 구글은 까다로운 채용 절차로 악명 높습니다. 40여 일 동안 다섯 차례에 걸친 면접을 통과해야만 '직장인들의 꿈'인 구글에 들어갈 수 있습니다.

구글만의 초고속 성장 공식

• • • • • • •

구글은 직원 채용에 엄청난 시간과 비용을 투입합니다. 직원이 2만 명이었을 때 인사 채용 담당자가 1천 명이었고, 직원이 5만여 명으로 늘어난 시점에는 2,500여 명에 이르렀습니다. 구글의 모든 사업본부장에게는 인사 조언을 담당하는 임원이 한 명씩 배치되고, 최고경영자(CEO)는 주 5일 중 하루를 직원 채용에 할애합니다.

구글은 직원 한 명을 뽑더라도 채용 공고를 내고 정해진 절차대로 진행합니다. 한 명을 뽑는 데 적게는 150시간, 많게는 500시간이 걸리기도 합니다. 몇 주 또는 몇 개월이 걸리더라도 채용 절차를 건너뛰지 않습니다. 중요한 자리가 공석으로 남아 업무에 차질이 생겨도 성급하게 뽑지 않고 적임자가 나타날 때까지 기다립니다. 구글의 해고 비율이 타 기업에 비해 낮은 것도 이런 이유 때문입니다.

그러나 구글에 이러한 인재 채용 방식이 자리 잡기까지 많은 시행착오가 있었습니다. 초기에는 미국 최고의 대학과 최고의 기업 출신 중에서도 뛰어난 인재들이 구글에 모여들었습니다. 그러나 회사가 급성장하면서 인력 수요는 빠르게 늘어나는 데 반해 원하는 수준의 인재를 확보하기는 쉽지 않았습니다.

당시 구글은 인재를 발굴하기 위해 모든 방법을 동원했습니다. 처음에는 내부의 유능한 인재들이 추천하는 사람을 위주로 채용했습니다. 그러나 검증 과정 없이 추천만으로 채용한 사람들은 기대한 만큼의 성과를 거두지 못하고 다른 직원들과의 협업에도 문제를 일으켰습니다. 이런 문제가 반복되면서 직원들의 입사와 퇴사가 끊이지 않았습니다.

더구나 역량 수준이 떨어지는 직원들을 교육하는 데 엄청난 비용과 시간을 투입해야 했습니다. 이것은 단지 구글만의 문제는 아니었습니다. 한 조사에 따르면 미국 기업들은 채용보다 직원 교육에 더 많은 비용을 지출하고 있습니다. 회사 전체 인적자원 관리비의 18.3퍼센트를 교육훈련에 사용하고, 채용에는 13.6퍼센트를 사용하고 있습니다.

그러나 구글은 인적 관리에 관한 연구 조사를 통해 회사의 재원을 내부 교육보다 채용에 투입하는 것이 생산성 향상에 더 효과적이라는 사실을 발견했습니다. 따라서 구글은 인재관리 정책의 중심을 직원 교육보다 채용에 두는 것으로 바꿨습니다. 역량이 검증된 인재들을 영입하면 교육에 투입되는 시간과 비용을 줄일 수 있을 테니까요. 그 결과 구글은 인적자원 관리비 가운데 직원 채용에 투입하는 비용이 다른 기업의 2배가 넘고, 반대로 직원 교육에 투입하는 비용은 10퍼센트가 채 되지 않습니다.

그다음으로 구글이 중요하게 여기는 인재 채용 원칙은 창의적인 인재를 뽑는 것입니다. 초창기에 구글의 공동 창업자 래리 페이지(Larry Page)와 세르게이 브린(Sergey Brin)은 출신 대학과 학점을 중요한 평가 지표로 삼아 면접장에서 SAT(미국의 수능시험) 점수를 묻기도 했습니다. 하지만 창의성 분야의 전문가들은 대부분 창의성과 지능지수는 별개라는 결론을 내리고 있습니다. 창의적인 사람은 다른 사람에 비해 상대적으로 지능이 뛰어나지만, 지능이 뛰어나다고 해서 반드시 창의적이지는 않다는 것입니다.

연구 조사가 계속되고 경험이 쌓이면서 명문 대학을 좋은 성적으로 졸업하고 지능지수가 높다고 해서 창의성이 뛰어나고 팀에 공헌하는 인재는 아니라는 사실이 점차 드러났습니다.

그러자 구글의 면접관들은 "당신의 몸이 5센트짜리 동전 크기로 줄어들어 믹서기 안으로 들어갔다면 어떻게 빠져나올 것인가?"와 같은 기상천외한 질문으로 후보자들의 창의력을 테스트하기 시작했습니다. 또한 '팀에서 어울리지 못한 경험'이나 '팀을 관리했던 경험'과 같이 행동을 엿볼 수 있는 질문을 던집니다. '페이스북의 수익 모델을 만들어보라'거나 '스타벅스의 장기적인 취약점'을 말해 보라고 하는 등 비즈니스 관련 질문도 빠지지 않습니다. 이러한 질문을 하는 이유는 혁신 능력, 잠재적 경영 능력, 업무의 유연성 등을 알아보기 위한 것입니다.

최적이 아니면 구글러(Googler)가 될 수 없다

● ● ● ● ● ●

구글이 특히 총력을 기울이는 것은 '문제 사원'의 입사를 막는 것입니다. 아무리 똑똑하고 창의성이 뛰어나도 팀에 어울리지 못하는 사람은 절대 발탁하지 않습니다. 문제 사원 한 명이 조직 전체에 얼마나 부정적인 영향을 미치는지를 잘 알고 있기 때문입니다. 구글이 문제 사원으로 꼽는 유형 중 하나는 '지적인 겸손'이 부족한 사람입니다. 자신만이 옳다고 주장하는 독선적인 사람은 팀으로 함께 일하지 못할 뿐 아니라 스스로도 성장하지 못합니다. 처음에 구글은 '좋은 인재만 모이면 좋은 팀이 된다'고 생각했습니다. 그러나 성공적인 조직문화에 대한 연구 결과 '어떤 팀원'인가보다 '팀원들이 어떻게 상호 작용하는가'가 성공을 좌우한다는 사실이 밝혀졌습니다. 가장 똑똑한 사람들만 모인 팀보다 상호 존중과 신뢰도가 높은 팀의 성취도가 더 높았던 것입니다.

마지막으로 주목할 만한 구글의 인재 채용 원칙은 최고의 능력을 갖춘 최적의 사람을 찾을 때까지 결코 서두르지 않는다는 것입니다. 각 분야에서 최고의 성과를 내는 사람들은 다른 기업에 이미 소속되어 있거나 다른 일에 몰두하고 있게 마련입니다. 이런 사람들은 대부분 자신이 하고 있는 일과 직장에 대한 만족도도 높습니다. 이런 사람들을 단기간에 설득해서 영입하기는 어렵습니다. 또한 다양한 시각으로 여러 가지 요소들을 꼼꼼하게 검증하기 위해서는 한두 번의 면접으로는 턱없이 부족합니다. 따라서 구글은 보통 7~12번, 많게는 25번까지 인터뷰를 진행합니다. 최근 다섯 차례 이상의 면접은 비효율적이라는 연구 결과에 따라 횟수가 줄어들기는 했지만, 여전히 구글의 면접은 까다롭고 더딘 것으로 유명합니다.

구글의 인재 채용 방식은 분명 일반 기업들이 쉽게 따라 하기 어려운 것입니다. 그러나 이런 원칙을 참고해 신중하게 직원을 선발한다면 기업의 인적 수준은 훨씬 더 높아질 것입니다. 시간이 걸리더라도 자신의 기업에 맞는 채용 기법을 만든다면 구글 같은 세계적 기업이 아니더라도 얼마든지 최적의 인재를 발탁할 수 있습니다.

지멘스의 인재 영입,
그 실패와 성공 이야기

방향은 틀리지 않았다, 그러나?

● ● ● ● ● ●

170년이 넘는 역사를 가진 독일의 전기전자기업 지멘스는 창립 이래 최초로 외부에서 CEO를 영입했습니다. 그러나 조기 퇴진이라는 실패로 끝나고 말았습니다. 이러한 지멘스의 사례는 첨단기술 기업이 아닌 제조기업의 경우 조직문화가 깊이 뿌리내려 있기 때문에 외부 인사의 영입으로 단기간에 개혁과 혁신을 이루기 쉽지 않다는 것을 보여줍니다.

2007년 지멘스는 제약회사 머크(Merck)에서 글로벌 보건 부문 대표를 지낸 오스트리아 출신 페테르 뢰셔(Peter Löscher)를 최고경영자

(CEO)로 선임했습니다. 이것은 내부에서 단계를 밟아 승진한 사람들 중에서 최고경영자를 선임하는 160년 전통을 깬 결정이었습니다.

지멘스가 오랜 전통을 깨고 최고경영자를 외부에서 영입한 것은 회사에 새바람을 불어넣기 위해서였습니다. 공금 횡령으로 독일 역사상 최대의 부패 스캔들이 터지자 지멘스 이사회는 최고경영자를 외부에서 영입해 사태를 수습하고 대대적인 혁신을 추진하고자 했습니다.

그러나 뢰셔는 10년의 임기를 채우지 못하고 6년 만에 조기 퇴진을 했습니다. 한때 '지멘스의 구세주'로 불리던 뛰어난 경영자였지만 뢰셔는 다섯 차례나 수익 전망을 맞히지 못했습니다. 투자자들의 거센 비난이 쏟아졌지만 상황은 계속 악화되었고, 급기야 분기 수익이 30퍼센트 이상 급감했습니다.

지멘스가 실적 부진으로 악전고투를 거듭하자 회사 안팎에서 다시 내부 출신에게 경영을 맡겨야 한다는 주장이 제기됐습니다. 외부 영입 인사는 내부 소통이 원활하지 않고 회사에 대한 지식과 정보가 부족해 조직을 제대로 이끌 수 없다는 논리였습니다.

"지멘스의 새 CEO는 회사 사정과 문화, 고유의 특징을 알고 있어야 하므로 내부 인사로 선정해야 한다."

지멘스가 다시 새로운 CEO를 물색하고 있을 때 한 증권사 애널리스트가 조언한 말입니다. 지멘스 이사회는 격론 끝에 결국 내부 출신의 '지멘스맨'에게 회사의 운전대를 맡기기로 결정했습니다. 그렇게 해서 40년 넘게 지멘스에 재직하면서 7년째 최고재무책임자

(CFO)를 맡고 있던 조 카이저(Joe Kaeser)를 새로운 CEO로 추대한 것입니다.

그렇다면 페테르 뢰셔는 왜 혁신에 실패한 것일까요? 그의 혁신 의지가 약했다거나 추진력이 떨어졌던 것은 아닙니다. 그는 취임 이후 지멘스의 디지털화를 강하게 밀어붙였습니다. 뢰셔는 스마트 공장을 구현해서 디지털 기업의 선두 주자가 되기 위해 10조 원이 넘는 돈을 쏟아부어 소프트웨어 회사들을 대거 인수했습니다. 그리고 자신이 취임하기 이전에 벌어진 임직원의 뇌물 사건을 수습하고 직원들의 윤리 의식을 강화했습니다. 비용 절감을 위해 기업의 비핵심 자산도 매각했죠.

뢰셔는 지멘스를 첨단기술 중심의 기업으로 혁신하고자 했습니다. 그러나 지멘스는 그가 오랫동안 일했던 제약회사 머크가 아니었습니다. 인력, 시스템, 업무 프로세스가 구글이나 페이스북 등의 첨단기술 기업과는 전혀 달랐습니다. 지멘스는 브랜드 로열티가 강하고, 뿌리 깊은 조직문화를 바탕으로 운영되는 전통적인 방식의 제조기업이었습니다.

따라서 디지털 기업으로 혁신하는 속도는 더디기만 했고, 이 과정에서 기존 제품과 서비스의 경쟁력을 잃고 말았습니다. 더구나 글로벌 금융 위기의 영향으로 목표한 실적을 달성할 수가 없었습니다. 이렇게 되자 처음에는 그의 혁신에 찬사를 보내던 주주와 이사회도 지지를 철회하기 시작했습니다.

하지만 그의 방향성이 틀렸던 것은 아닙니다. 뢰셔의 후임으로

CEO에 오른 조 카이저 역시 전통적 제조기업인 지멘스를 디지털화하기 위해 혁신을 추진하고 있으니까요.

"제조업은 스마트 공장으로 진화하는 새로운 국면으로 진입했습니다. 우리도 전통적인 방식에서 벗어나야 합니다. 제조업의 디지털화는 단순한 기술이 아닙니다. 승자와 패자를 가르는 것으로 우리의 미래를 완전히 바꿔놓을 것입니다."

이처럼 조 카이저는 페테르 뢰셔 못지않게 디지털 혁신의 중요성을 강조했습니다.

조 카이저는 성공하고, 페테르 뢰셔는 실패한 이유가 무엇일까요? 페테르 뢰셔가 지멘스를 경영하던 당시는 성과를 거둘 수 있는 내·외부적인 환경이 갖춰지지 않았습니다. 글로벌 금융 위기로 외부 환경이 좋지 않았고, 내부 환경도 뢰셔가 그동안 업무를 해온 기업과 달랐습니다. 조 카이저는 전임 CEO의 전철을 밟지 않기 위해 오랜 제조기업의 장점을 살려 내실을 다짐과 동시에 혁신을 추진하고 있습니다.

외부 인재 영입, 3가지를 점검하라

● ● ● ● ● ●

기업의 디지털화는 더 이상 거스를 수 없는 시대의 흐름입니다. 기업들은 혁신을 빠르게 실행하기 위해 연구개발과 생산기술, 마케팅, 영업, 관리 등 각 분야에서 눈에 띄는 성과를 거둔 인재를 적극적으로 영입합니다.

그러나 외부 인재 영입이 모두 성공하는 것은 아닙니다. 회사가 기대했던 성과를 만들어내는 경우도 있지만, 상당수는 기대에 못 미치고 실패로 끝납니다. 외부 인재 영입이 실패하면 내부에서는 외부 영입 인재들에 대한 평가가 실제보다 부풀려진 것이 아니냐는 의구심을 가집니다. 영입 단계에서 검증이 잘못되었을 수도 있다는 것입니다.

인재 영입은 기본적으로 그 사람 자체가 아니라 그 사람의 성공 경험을 영입하는 것입니다. 기업이 인재를 영입하는 목적은 그 사람의 성과 경험을 재현하고자 하는 것이죠. 따라서 인재를 영입할 때는 그 사람의 성공 경험을 꼼꼼히 분석하고, 우리 회사에 필요한 것인지 살펴봐야 합니다.

기업이 인재 영입의 효과를 제대로 거두려면 어떤 점을 중점적으로 살펴봐야 할까요?

성과를 재현할 수 있는가

우선 과거의 성과를 재현할 수 있는 사람인지를 따져봐야 합니다. 과거의 성과가 우연히 얻어진 것이라면 재현할 가능성이 적다고 봐야 합니다. 우연히 트렌드 흐름과 잘 맞아떨어졌다거나 본인의 역량이외에 다른 요인이 더 크게 작용했다면, 그러한 조건이 갖춰지지 않았을 경우 성과를 올리기 힘듭니다.

기업이 최고의 성과를 거두려면 사전에 치밀한 계획을 세워야 합니다. 맛있는 요리를 만들려면 정확한 레시피가 필요하듯이 말입니다. 음식을 만들 때 재료와 분량, 시간, 순서 등이 정확해야 동일한 맛과 향, 빛깔을 낼 수 있습니다. 칵테일을 만들 때도 첨가되는 재료의 양과 비율이 동일해야 똑같은 맛을 낼 수 있습니다. 성과도 마찬가지입니다. 성과를 만드는 공식, 즉 성과 레시피가 있어야 다른 사람이 다른 시기에도 같은 방법으로 동일한 성과를 창출할 수 있습니다. 성과 레시피가 없다면 과거의 성과는 역량이라기보다 우연일 가능성이 큽니다.

아무리 위대한 성과를 거뒀더라도 어떻게 만들어내는지 알지 못한다면 재현하기 어렵습니다. 따라서 인재를 영입할 때는 어떤 환경에서 성과를 거뒀는지 자세히 파악해야 합니다. 또한 회사가 그에게 동일한 환경을 만들어줄 수 없는 경우에도 기대했던 성과를 거두기 어렵습니다. 그런 점에서 중소기업이 대기업과 같은 업무 환경을 조성할 수 없다면 대기업 출신의 임원을 영입해서 동일한 성과를 기대하기 어렵습니다.

성공 의지가 있는가

영입하려는 인재가 새로운 환경에서도 과거의 성공을 재현하고자 하는 강한 의지를 가지고 있는지 살펴봐야 합니다. 내·외부적 환경이 다른 상황에서 성공을 재현하기는 쉽지 않습니다. 큰 성공을 거두기 위해서는 많은 요소들이 적절하게 맞아떨어져야 하기 때문입니다. 조직구성원, 기업 브랜드, 시스템과 프로세스, 상품 기획력, 생산기술, 자금, 마케팅과 영업력 등이 적절히 결합되어 시너지를 낼 때 성공이 실현되는 것입니다.

대기업에서 탁월한 성과를 창출했던 사람이 중소기업에 들어와서 기대에 못 미치는 성과를 내는 것도 그 때문입니다. 말하자면 성공 레시피의 조건이 충족되지 않은 것입니다. 중소기업의 조직구성원이나 브랜드, 시스템, 자금, 기술이 대기업과 같을 수는 없으니까요.

그렇기 때문에 대기업 출신 임원들은 중소기업에 들어가면 맨 먼저 대기업과 비슷한 업무 환경을 조성하려고 합니다. 우수한 직원을 채용하고, 시스템을 구축하며, 프로세스를 정비하는 데 초기 시간과 비용의 대부분을 씁니다.

하지만 대기업과 같은 업무 환경을 만들기는 쉽지 않습니다. 어떤 요소는 양이나 질이, 어떤 것은 확보하는 시기가 다르다 보면 각각의 요소를 새로운 방식으로 연결했을 때 원하는 결과를 얻기가 어렵습니다. 이때 중요한 것이 그 사람의 의지입니다. 수많은 시행착오와 좌절을 넘어서려는 의지가 없다면 환경을 구축해가면서 성과를 창출하기란 불가능합니다.

성과를 위한 환경을 조성할 수 있는가

마지막으로 중요한 것은 기업의 역할입니다. 기업도 새로 영입한 사람이 성과 창출 환경을 조성할 수 있도록 적극 지원해야 합니다. 성과 창출을 위한 환경을 혼자 만들 수는 없습니다. 많은 비용과 시간이 들어가기 때문에 기업 차원의 지원과 구성원들의 도움이 필요합니다.

이 때문에 인재 영입 경험이 많은 기업들은 최대한 비슷하게, 최대한 빨리 성과 환경을 만들 수 있도록 지원합니다. 예를 들어 중소 게임 회사가 대형 게임 회사 출신의 탁월한 게임 개발자를 영입할 경우 마케팅 역량이 뛰어난 회사와 파트너십을 체결하거나 선발 대기업에 퍼블리싱을 맡깁니다. 새로 영입한 개발자가 좋은 게임을 만들고도 마케팅 지원을 받지 못해 흥행에 실패하는 일이 없도록 하려는 것입니다.

어떤 기업은 영입한 임원의 사내 입지를 높여주기 위해 일정 기간 동안 대표이사 직속으로 배치하기도 합니다. 또 어떤 기업은 같이 일했던 팀원들까지 한꺼번에 영입합니다. 조직을 새로 구축하려면 많은 시간이 걸리고, 이전 회사에서 거둔 성과의 상당 부분은 팀이 함께 만든 것이기 때문입니다.

이렇게 새로 영입한 인재가 기대했던 만큼의 성과를 거두려면 최대한 과거의 성과에 맞는 환경이 구축되어야 합니다. 지멘스의 페테르 뢰셔처럼 아무리 뛰어나고 혁신적인 경영자라도 내·외부의 환경이 제대로 갖춰지지 않으면 자신의 역량을 십분 발휘할 수 없기 때문입니다.

피앤지(P&G)는
왜 채용 시스템을 바꿨을까

누구를 뽑을 것인가

● ● ● ● ● ●

최근 젊은이들은 전례 없는 취업난으로 매우 힘들어하고 있습니다. 기업들이 신입사원 채용을 줄임에 따라 더더욱 취업할 곳이 없다고 하소연합니다. 하지만 기업들은 신입사원을 채용하지 않는 나름의 이유가 있습니다. 국내 한 중견 기업의 사장은 그 이유를 다음과 같이 설명합니다.

"신입사원 공채를 실시하면 우수한 인재를 적은 비용으로 채용할 수 있는 장점이 있습니다. 그래서 우리도 한때는 신입사원을 많이 뽑았습니다. 하지만 신입사원의 경우 실제 업무 역량을 파악할 수 없다는 것이 단점입니다. 아무리 면밀하게 검증한다고 해도 입사하고 보면 부적합한 신입사원들이 많습니다. 또한 회사가 신입사원을 훈련시킬 만한 시간과 비용이 부족합니다. 신입사원 채용과 교육을 전담할 인력도 없고요. 물론 신입사원을 뽑는 것은 미래를 대비하기 위한 매우 중요한 투자라는 것을 압니다. 그러나 우리는 지금 미래를 생각할 여유가 없습니다. 우리에게 중요한 것은 현재이지 미래가 아니니까요."

신입사원을 뽑아서 육성하느냐 경력사원을 채용하느냐 하는 의견은 늘 엇갈립니다. 채용 문제는 기업의 내부 상황과 외부 환경, 최고경영자의 경영 철학에 따라 달라지니까요. 한국과 같은 신입사원 공채제도가 아예 없는 외국의 기업들은 대부분 경력사원을 채용합니다. 경력사원의 경우 과거 직장 경력을 통해 업무 역량을 판단하기가 쉽고, 별도의 교육 없이 바로 해당 업무에 투입할 수 있기 때문입니다. 따라서 계약직이나 인턴 외에 정규직으로 신입사원을 채용하는 경우는 아주 드뭅니다.

세계적인 생활용품 기업 피앤지(P&G)는 기본적으로 신입사원을 채용해 회사가 원하는 인재로 키우는 것이 원칙이었습니다. 그렇게 해야 P&G만의 고유한 기업 문화를 유지할 수 있다고 믿기 때문입니다. "신입사원을 채용해서 육성하려면 비용이 많이 든다"는 지적에 대해 P&G의 인사 담당자는 "신입사원 채용과 교육에 들어가는 노력과 비용은 그만한 가치가 있다"고 말합니다. 그러나 최근에는 P&G도 신입사원보다 경력사원을 채용하는 방식으로 바뀌고 있습니다.

신입사원 교육비 1억 2천만 원

• • • • • • •

기업이 경력사원을 중심으로 채용 구조를 바꾸는 데는 이유가 있습니다. 우선 신입사원을 채용할 경우 교육훈련에 시간과 비용이 너무 많이 들어가기 때문입니다. 각종 조사에 따르면 일반적으로 대졸 신입사원을 채용해서 업무에 투입하기까지 18~26개월이 걸리고, 교육훈련 비용으로 6천 만~1억 2천만 원을 쓴다고 합니다.

문제는 그렇게 많은 시간과 비용을 들였는데도 신입사원의 안착률이 계속 떨어지고 있다는 것입니다. 한국경영자총협회가 2016년 306개 기업을 대상으로 조사한 결과 대졸 신입사원의 1년 내 퇴사율이 27.7퍼센트로 나타났습니다. 이것은 2년 전보다 4.1퍼센트포인트 높은 수치입니다. 3년 내에 퇴직하는 신입사원의 비율이 60퍼센트를 넘는다는 조사 결과도 있습니다. 기업 임원들 사이에서는 "신입사원을 채용하면 1년 뒤에 3명 남고 3년 뒤에는 1명밖에 남지 않는다"는 자조적인 이야기도 나옵니다. 그동안 경력사원에 비해 신입사원의 조직 충성도가 높다고 여겼는데, 최근 신입사원의 조기 퇴사율이 급격하게 높아지면서 그런 인식조차 사라지고 있습니다.

신입사원의 조기 퇴사는 한국뿐 아니라 일본에서도 심각한 사회 문제로 떠오르고 있습니다. 신입사원 공채를 주로 하는 일본 기업의 경우도 3년 내에 신입사원이 회사를 떠나는 비율이 30~40퍼센트에 이르러 경영자들을 매우 곤혹스럽게 만들고 있습니다. 이에 따라 일본 기업들은 신입사원의 조기 퇴사를 방지하기 위해 다양한 조처를 취하고 있습니다. 기업들의 이런 상황을 감안해 일부 인사관리 회사들은 기업들을 대상으로 신입사원의 이직 가능성을 미리 알려주는 서비스까지 제공하고 있습니다.

급변하는 경영 환경에서는 신입사원의 채용을 통한 인재 확보에 한계가 있습니다. 신입사원을 뽑아서 육성하는 속도가 외부 환경의 변화 속도를 따라가지 못하기 때문입니다. 기술은 물론 사업구조마저 수시로 바뀌는 상황에서 사실상 신입사원을 훈련할 시간적 여유가 없는 것입니다. 이 같은 이유로 기업들은 신입사원 대신 경력사원을 중심으로 채용 시스템을 바꾸고 있습니다.

적응 기간을 줄이는 'Learn by doing'

● ● ● ● ● ●

하지만 신입사원 채용이 불가피한 경우도 있습니다. 이때는 가능한 조직 적응 기간이 짧은 사람을 채용해야 합니다. 최근 국내 한 증권회사가 트레이딩 분야의 신입사원 채용 공고를 내자 국내외 명문 대학을 졸업하고 원어민 수준의 외국어 능력과 각종 자격증을 갖춘 지원자들이 대거 몰려들었습니다. 그러나 회사가 최종적으로 채용한 사람들은 국내 대학을 졸업한 평범한 지원자들이었습니다. 그들을 채용한 이유는 대학 시절 옵션 트레이딩 경험이 많았기 때문입니다. 이 증권회사의 인사책임자는 "실전 투자 경험이 많은 사람을 뽑아야 조금이라도 빨리 업무에 투입할 수 있다"고 설명했습니다.

이처럼 기업이 관련 직무 경험을 중심으로 '경력사원 같은 신입사원'을 채용한다면 교육훈련에 들어가는 시간과 비용을 크게 절감할 뿐 아니라 조직 안착률도 높일 수 있습니다.

삼성전자는 신입사원 공채가 있기는 하지만 평가 항목을 학점과 스펙이 아니라 '직무 역량 중심'으로 전환하고 있습니다. 따라서 인사부서가 기업 전체에 필요한 직원을 한꺼번에 뽑는 것이 아니라 해당 부서장이 직접 해당 업무와 관련된 지식을 얼마나 쌓았는지를 중심으로 직원을 채용합니다.

공채가 줄어드는 상황에서는 신입사원에 대한 개념을 바꿀 필요가 있습니다. 일정 기간 교육훈련을 받아야 현장에 투입할 수 있는 것이 아니라 수준이 낮더라도 처음부터 일정한 업무를 맡을 수 있다고 생각하는 것입니다. P&G는 신입사원을 위한 교육·훈련 프로그램이 없습니다. 기본적으로 일을 하면서 배우는(Learn by doing) 방식을 실행하고 있기 때문입니다. 풍부한 경험을 가진 부서장급 리더가 업무를 지시하고 피드백을 하는 과정에서 신입사원은 업무 역량을 키우고 최상의 전문지식과 기술을 배웁니다. 따라서 P&G 신입사원들은 입사 첫날부터 프로젝트를 맡게 됩니다. 이런 현장 투입 방식 덕분에 P&G 출신은 인재시장에서 실전에 강하다는 평을 듣고 있습니다.

많은 기업들이 신입사원은 교육을 받기 전에는 실무를 할 수 없다고 생각합니다. 하지만 교육훈련 기간이 길어질수록 신입사원들은 실무에 투입되기도 전에 회사를 떠날 확률이 높습니다.

신입사원을 교육의 대상이 아니라 생산과 성과의 주체로 볼 필요가 있습니다. P&G의 사례에서도 알 수 있듯이 신입사원도 입사하자마자 곧바로 자신의 역량에 맞는 일을 충분히 할 수 있습니다. 이렇게 된다면 중간에 퇴사를 한다 하더라도 신입사원 채용 부담은 크게 줄어들 겁니다.

새로운 인재 확보 시스템

● ● ● ● ● ● ●

우리나라에서 산업화와 함께 도입된 대졸 신입사원 공채는 이제 낡은 인재 확보 시스템이 되었습니다. 공채제도는 대기업들 사이에서도 더 이상 효용가치가 없다는 인식이 빠르게 확산되고 있습니다. 공채는 한꺼번에 사람들을 대거 채용해서 교육훈련을 실시한 다음 각 부서에 뿌리는 방식이기 때문에 신입사원들은 본인의 희망이나 적성과 무관한 업무를 맡을 수 있습니다. 자신에게 맞지 않은 일을 하다 보니 직무 만족도가 떨어지고 조기 퇴사율이 높아지는 것입니다. 더구나 공채를 하면 실제로 필요한 인력보다 훨씬 더 많은 인원을 뽑게 되어 비효율적입니다.

최근 공기업을 제외하면 중소·중견 기업은 물론 대기업까지 대졸 신입사원 공채를 폐지하고 필요할 때마다 수시로 경력사원을 채용하고 있습니다. 현재 대기업의 절반 정도가 공채와 수시 채용을 병행하고 있습니다. 미국이나 유럽처럼 우리나라에서도 대졸 신입사원 공채가 완전히 사라질 날도 머지않았습니다.

이렇게 신입사원 공채가 사라지면 기업 문화가 바뀌고 회사 운영 방식도 많이 달라질 것입니다. 연공서열 시스템이 무의미해지고 상명하복식 수직적 조직문화도 작동하기 어려울 것입니다. 기존의 평가와 보상, 승진 등 인사관리 시스템의 변화도 불가피합니다.

특히 채용 방식의 변화는 인적 구성의 변화로 이어지게 됩니다. 다른 기업, 다른 문화, 다른 생각을 가진 경력직원들로 조직구성원들이 바뀌는 것이죠. 따라서 다양한 직원들이 한곳을 향해 나아갈 수 있도록 비전을 설정해서 조직 통합을 이뤄낼 필요가 있습니다. 아울러 누구에게나 똑같이 적용되는 합리적이고 분명한 조직운영 원칙과 기준도 제정돼야 합니다.

애플은 성공하고
IBM은 실패한 것

애플, 아마존, 넷플릭스, 성공한 기업의 인재경영 전략

● ● ● ● ● ●

"혁신은 기업이 연구개발비로 얼마나 투자했는지와는 상관없다. IBM은 애플이 매킨토시를 개발하는 데 투자한 금액보다 100배 더 많이 투자했지만 혁신을 이룰 수 없었다. 혁신은 얼마나 훌륭한 사람들이 많은지, 경영진이 그들의 능력을 어떻게 끌어내는지에 달려 있다."

혁신의 아이콘 스티브 잡스의 말입니다.

4차 산업혁명, 인공지능, 빅데이터가 주도하는 환경에서 기업이 살아남기 위해서는 꾸준히 혁신을 추구해야 합니다. 이때 혁신의 원천은 돈이 아니라 사람입니다. 아무리 자본이 많다 하더라도 그것을 어디에 어떻게 효율적으로 사용할지를 결정하는 것은 바로 사람이기 때문입니다. 따라서 투자금을 얼마나 유치하느냐보다 얼마나 뛰어난 인재를 영입하느냐가 기업의 미래를 좌우한다고 해도 과언이 아닙니다. 글로벌 기업이 저마다 인재경영을 최고의 전략으로 내세우고 경쟁사보다 더 뛰어난 인재를 확보하기 위해 노력하는 것도 이 때문입니다.

'넥스트 스티브 잡스'로 불리는 아마존 창업자 제프 베조스(Jeffrey Preston Bezos)는 "인터넷처럼 역동적인 환경에서 탁월한 인재 없이 성과를 내기는 불가능하다"고 말합니다. 이러한 경영 철학을 가지고 있는 베조스는 아마존의 기업공개 이후 지금까지 20여 년간 고속 성장을 이루면서도 최고의 인재만을 채용하겠다는 원칙을 지켜나가고 있습니다.

창업 초기부터 파격적인 인재경영을 선보인 넷플릭스는 조직 전체를 A급 인재로 채우는 것을 원칙으로 하고 있습니다. 일부 A급 인재만으로는 경쟁력을 가질 수 없기 때문입니다.

"오직 A급 인재만 채용하라. 휴가는 언제든지 원하는 만큼 떠나라. 연말 평가는 하지 않는다."

최고의 스타플레이어 인재관리를 단적으로 보여주는 이 말에는 최고의 인재를 채용하되 최대한 자율을 주고, 성과를 내지 못하면 떠나라는 의미가 내포되어 있습니다.

혁신적인 조직문화로 매년 「포브스」 선정 '일하기 좋은 기업'에 오르는 온라인 신발 판매업체 자포스는 열정이 식은 직원들은 즉각 퇴직을 권고하는 방식으로 A급 인재를 유지하고 있습니다. 정규직으로만 구성된 콜센터를 두고 매출 건수가 아닌 '고객을 얼마나 만족시켰는가'로 업무 역량을 평가하는 자포스는 무엇보다 열정을 중시하는 기업입니다. 자포스의 직원들은 고객이 원하는 신발을 자신들이 보유하고 있지 않을 경우에도 끝까지 구매처를 찾아서 알려주는 것으로 잘 알려져 있습니다. 그야말로 열정이 없으면 하기 힘든 고객관리입니다.

자포스는 모든 직위를 없애고 모든 구성원이 동등한 위치에서 업무를 수행하는 홀라크라시(Holacracy, 관리자 직급을 없애 상하 위계질서에 의한 의사 전달이 아닌 구성원 모두가 동등한 위치에서 업무를 수행하는 제도)를 시행하고 있습니다. 이 제도가 정착하기 위해서는 무엇보다 자포스의 비전과 가치를 공유하는 A급 인재가 필요할 것입니다. 수평적인 조직구조에서는 모든 구성원이 스스로 리더십을 발휘해야 하기 때문입니다.

자포스는 '채용은 더디게, 해고는 빠르게'라는 인재관리 원칙에 따라 A급 인재를 가려내고 있습니다. 그중 하나가 퇴사 권고 제도입니다. 자포스는 신입사원 교육을 마치고 나서 회사를 떠나겠다고 하는 직원에게 2천 달러를 지급합니다. 이것은 단지 월급을 받기 위해 회사를 다니는 사람과 열의를 가지고 일할 인재를 애초에 걸러내기 위한 방법입니다.

최고와 평범함의 차이는 50배

● ● ● ● ● ● ●

최고의 인재 전문가는 단연 애플의 전 CEO 스티브 잡스일 것입니다. 그는 첨단기술 분야에서 성공하려면 어떤 인재가 필요한지, 또 어떻게 관리하는지를 누구보다 잘 알고 있었습니다. 그가 고급인재 확보에 광적인 집착을 보였던 것도 구성원의 지식 수준에 따라 사업의 성패가 좌우되었기 때문입니다.

스티브 잡스는 틈날 때마다 '다르게 생각하기(Think different)'를 요구했고, "세상을 바꿀 수 있다고 생각할 만큼 미친 사람들이 결국 세상을 바꾼다"고 주장했습니다. 그는 임직원들에게 자신의 눈높이에 맞는 인재를 찾아오라고 종용했습니다. 애플의 임직원들은 세상을 바꿀 정도의 차별적인 지식, 기술, 창의성을 갖춘 인재를 발굴하기 위해 세계 곳곳을 찾아다녔습니다.

최고에 대한 열정이 강했던 만큼 잡스는 기술과 지식이 뒤처지는 사람을 배척했습니다. 이 때문에 사람을 함부로 대한다는 비판을 받기도 했습니다. 한때 자신이 설립한 애플에서 쫓겨났던 것도 직원들을 함부로 대했기 때문이라는 이야기가 있을 정도였습니다. 그는 사람들을 천재 아니면 얼간이, 단 두 부류로 나누곤 했습니다. 제품을 평가할 때도 최고 아니면 쓰레기로 치부했듯이 직원들도 천재 아니면 바보로 취급한 것입니다. 잡스에게 천재라는 평가를 받지 못한 직원들은 심한 모욕감을 느끼며 회사를 떠나기도 했습니다.

하지만 천재에 대한 스티브 잡스의 광적인 집착이 없었다면 오늘의 애플은 존재하지 못했을지 모릅니다. 그는 최고의 인재에 대한 생각을 다음과 같이 말했습니다.

"일상에서 최고와 평범함의 차이는 대부분 30퍼센트 정도다. 최고의 비행기 또는 최고의 식사는 평범한 비행기 또는 식사에 비해 30퍼센트가량 더 나을 뿐이다. 하지만 워즈니악(애플의 공동 창업자)은 평범한 엔지니어보다 50배 더 뛰어난 사람이다. 그는 자신의 머릿속에서 회의를 열 수도 있는 인물이다. 맥팀은 그와 같은 완전한 팀, 즉 A급 선수들로 이루어진 팀이다. A급 선수들은 A급 선수들과 함께 일하는 것을 좋아한다. 반면 C급 선수들과 일하는 것을 몹시 싫어한다."

스티브 잡스는 최고경영자의 가장 중요한 역할은 세계 최고의 인재를 모으는 것이라고 생각했습니다. 그는 또 최고의 인재를 모으는 것 못지않게 기대에 못 미치거나 열정이 식은 직원들을 내보내는 것이 자신의 책임이라고 생각했습니다. 그는 구성원의 역량과 업무 몰입도를 최고 수준으로 유지하는 것이야말로 성과를 내는 지름길이라고 여겼던 것입니다. 이렇게 스티브 잡스의 천재에 대한 집착은 애플이 성공한 요인 중 하나임이 분명합니다.

A급 인재가 기업의 미래다

● ● ● ● ● ● ●

스티브 잡스식 인재관리나 A급 인재만 발탁하겠다는 전략을 모든 기업에 적용할 수는 없을 것입니다. 특히 전통적인 제조나 유통 기업에서는 이러한 방식으로 조직과 사업을 유지하기 힘들 것입니다. 숙련된 경험이 중요한 기업의 경우 직원들의 장기근속이 성과에 큰 영향을 미치기 때문입니다. 업무 경험이 풍부한 직원들이 많을수록 생산성과 고객 만족도가 높아집니다. 이런 기업에서는 직원들의 조직력이 중요하기 때문에 협업 능력과 조직 적응력이 뛰어난 직원들을 선호합니다.

한국의 제조나 유통 기업들은 대부분 이런 특성을 갖고 있습니다. 직원들의 숙련된 기술과 고객 대응 능력에 따라 성과가 달라지므로 기업은 장기근속을 장려하고 직급과 연봉도 연공서열에 따라 정해집니다. 자동차, 철강, 기계, 화학, 도소매 물류 분야 기업들에서 연공서열과 상명하복 문화가 굳게 자리 잡고 있는 것도 이 때문입니다.

이런 기업들은 아무리 역량이 뛰어난 인재라도 기존 직원들과 융합되기 어렵다고 판단되면 채용하지 않는 경향이 있습니다. 오히려 역량이 조금 부족해도 조직원들과 잘 호흡하면서 충실하게 일하는 사람들을 높이 평가합니다. 직원들의 경험과 조직의 안정이 성과를 좌우하므로 더 우수한 인재를 뽑기보다 기존 직원들에게 더욱 집중

하는 것입니다.

하지만 전 세계적으로 산업구조와 기업의 성장 동력이 빠르게 변하고 있습니다. 경험보다 지식과 기술, 창의성이 강조되면서 모든 구성원이 리더십을 발휘하고, 성과형 아이디어를 창출할 수 있는 조직문화를 구축하고 있습니다. 이런 기업 문화에서는 개인의 능력이 더욱 중요한 만큼 A급 인재로 조직을 채우는 것이 자연스러운 전략입니다. 우리는 이 같은 변화에 관심을 기울여야 합니다. 첨단기술과 지식 중심으로 변화하는 현실을 직시해야 합니다.

아마존은
어떤 사람을 뽑을까?

아마존 채용 제1원칙

● ● ● ● ● ●

"완벽한 직원이 회사를 그만두는 것보다 잘못된 사람을 채용했을 때의 부작용을 감당하기가 더 힘들다."

전 세계의 기업 중에서 성장률이 가장 높은 아마존의 CEO 제프 베조스의 말입니다. 제프 베조스는 스티브 잡스 이후로 가장 혁신적인 리더로 꼽히는 인물이죠. 그는 '직원이 곧 회사'라는 철학을 표방하며 창업 초기부터 아마존이라는 배에는 조직문화에 맞는 사람만 승선시키겠다고 말했습니다. 그런 점에서 위의 한마디에 아마존의 인재경영과 인사관리 전략이 모두 담겨 있다고 할 수 있습니다.

미국 시애틀 교외의 차고에서 시작한 작은 인터넷 서점은 어떻게 전 세계에서 성장률이 가장 높은 기업이 될 수 있었을까요? 오늘의 아마존이 있기까지 제프 베조스의 혁신적인 아이디어와 도전이 주효했지만, 독특한 인재관리 전략도 큰 역할을 했습니다.

아마존은 현재 전 세계에 54만 명의 직원을 두고 있는데, 시애틀 본사에만 4만 명이 근무하고 있습니다. 최근 3년 동안 직원이 3배 이상 급증했는데, 뉴욕에 제2의 본사를 설립한다고 하니 직원들의 증가 추세는 당분간 멈추지 않을 것입니다. 아마존이 앞으로 15년간 억대 연봉자 2만 5천 명을 채용하는 등 뉴욕의 제2본사를 시애틀 제1본사 규모로 키우겠다고 밝히면서 뉴욕 부동산 시장이 들썩이고 있습니다.

이처럼 아마존은 지속 성장을 하면서도 직원들의 역량 수준을 평균 이상으로 유지하고 있는데, 그 비결은 철저하고 면밀한 면접을 통해 아마존의 조직문화에 맞는 인재들만 채용하는 것입니다.

지속 성장하는 기업이 되려면 리더는 기업에 맞지 않는 사람을 내보내고, 가장 잘 적응하면서 자신의 역량을 최대한 발휘할 수 있는 사람을 채용해야 합니다. 이것은 아마존에만 국한된 것이 아니라 성장을 추구하는 모든 기업의 핵심적인 인사관리 원칙입니다.

제프 베조스는 아마존의 기업 문화에 가장 잘 적응할 수 있는 인재들을 채용하는 데 많은 관심을 기울입니다. 초창기에 직원들의 채용을 직접 챙기던 그는 직원 규모가 폭발적으로 늘어나자 자신을 대신할 '기준평가관(Bar Raiser)' 제도를 만들어 운영하고 있습니다. 기준평가관은 말 그대로 해석하면 '기준을 끌어올리는 사람'입니다. 이들은 입사 대상자가 '기준'을 떨어뜨릴 가능성이 크다고 생각하면 채용 거부권을 행사할 수 있습니다.

아마존은 이 기준평가관을 포함해 4명의 면접관들이 지원자 한 명을 각각 1시간씩 면접합니다. 면접에 참여하는 기준평가관은 인사팀 소속이 아니지만 100회 이상 면접 경험이 있고, 인재를 보는 탁월한 안목을 지닌 사람들입니다. 이들은 지원자들의 업무 능력보다는 아마존의 기업가치와 리더십에 얼마나 적합한지를 평가합니다.

기준평가관은 채용 결정에 막강한 영향력을 행사하는데, 인사담당 임원조차 이들이 거부한 사람을 채용할 수 없습니다. 이 프로그램을 개발한 제프 베조스는 "여러 명이 인정한 사람을 최종적으로 선발하기 때문에 채용 과정에서 실수를 줄일 수 있다"고 말합니다.

2007년 아마존의 직원 수는 1만 7천 명이었는데 10여 년이 지난 지금은 54만 명이 근무할 정도로 조직이 커졌습니다. 그런데 이렇게 직원 수가 50배 가까이 증가했는데도 아마존은 직원들의 역량이 떨어지기는커녕 매년 평균 이상의 인재들을 채용하고 있습니다. 이것을 가능하게 한 것이 바로 채용 기준을 떨어뜨리지 않고 엄격하면서도 면밀하게 직원들을 선발하는 기준평가관 프로그램입니다.

물론 직원 수가 폭발적으로 늘어나는 상황에서 기준평가관 제도만으로는 역부족이라는 지적이 나오기도 합니다. 하지만 제프 베조스는 다음과 같이 말하며 신념을 굽히지 않습니다.

"대부분의 회사가 성장할 때는 인력을 한꺼번에 충당하기 위해 채용 기준을 낮춥니다. 하지만 아마존은 그러지 않기 위해 기준평가관 제도를 도입했습니다. 나는 채용이 아무리 오래 걸려도 이 제도를 포기하지 않을 것입니다."

일론 머스크가 반드시 하는 질문 한 가지

• • • • • • •

한국의 대기업들도 마찬가지겠지만 글로벌 기업들은 직원을 채용할 때 면접에 큰 비중을 둡니다. 지원자를 검증하고 평가하는 다양한 방법이 있지만 회사가 원하는 인재를 선별하는 데는 면접이 가장 효과적이라고 생각하는 것입니다.

그런데 이처럼 중요한 면접에서 종종 실수를 하는 면접관들이 있습니다. 면접관들이 저지르는 가장 큰 실수는 역량이 뛰어난 사람이 아니라 개인적으로 선호하는 사람에게 높은 점수를 주는 것입니다. 사람들은 본능적으로 자신과 비슷한 사람에게 끌리는 경향이 있습니다. 즉, 면접관은 업무에 필요한 역량과 경험, 조직문화에 대한 적응력보다는 자신과 비슷한 배경과 경험을 가진 사람들을 높이 평가합니다. 이러한 오류를 방지하는 데 필요한 것이 바로 질문지입니다. 편차를 최소화해서 누가 면접관이 되더라도 개인적 선호가 아니라 회사에 필요한 사람을 선별할 수 있기 때문입니다.

면접에서 질문지를 사용하면 면접 시간도 효율적으로 활용할 수 있습니다. 국내 기업은 주로 다대일이나 다대다 면접을 시행하는데, 짧게는 30분, 길어도 2시간을 넘기지 않습니다. 여러 면접관이 자신들의 관심사를 한두 가지 질문하다 보면 어느새 면접 시간이 끝나버립니다. 결국 지원자를 제대로 검증하고 평가할 시간이 너무 부족합니다. 그러나 미리 만든 질문지를 가지고 면접을 진행하면 개인적인 관심사로 흐르는 것을 방지할 수 있습니다. 질문지를 토대로 회사가 필요로 하는 직무를 수행할 역량을 갖췄는지, 현장 경험이 충분한지, 조직문화에 적응할 수 있는지를 파악하는 데 집중하기 때문입니다.

질문지는 면접 방식과 절차를 표준화하는 데도 효과적이어서 면접에 투입되는 인력과 시간을 아낄 수 있습니다. 여러 명이 면접을 보는 이유는 한 사람이 면접을 볼 경우 평가나 검증에 한계가 있기 때문입니다. 한 명이 면접을 보면 다각도로 살펴볼 수 없고 면접관의 편향성이 노출될 가능성이 큽니다. 하지만 사전에 공들여 만든 질문지를 활용하면 면접관 한 명으로도 필요한 것들을 확인할 수 있습니다. 오히려 중복 질문을 피하고 심층 면접을 할 수도 있습니다.

글로벌 선발기업의 질문지는 철저하게 지원자의 과거 행동을 파악하는 데 초점이 맞춰져 있습니다. 지원자에게 가상의 상황을 제시한 뒤 어떻게 생각하는지를 묻는 것이 아니라 과거의 특정한 상황에서 어떻게 행동했는지를 확인합니다. 과거의 행동과 성과를 통해 미래의 행동과 성과를 어느 정도 가늠할 수 있기 때문입니다. 특히 가장 최근의 성과와 행동은 머지않은 미래에 반복될 가능성이 큽니다.

미국의 전기자동차 기업 테슬라는 미래형 인재들의 집합소라고 할 정도로 뛰어난 인재들을 많이 영입해 혁신을 주도하고 있습니다. 테슬라의 CEO 일론 머스크는 기업 경영에서 인재의 중요성을 무엇보다 강조하는데, 면접에서 그가 지원자에게 반드시 하는 질문이 있습니다.

"지금까지 가장 어려웠던 문제가 무엇이었으며, 어떻게 해결했는지 설명하시오."

일론 머스크는 이 질문을 통해 지원자의 업무 진행 능력뿐 아니라 문제 해결 능력까지 살펴볼 수 있다고 말합니다. 가장 어려웠던 문제를 해결해본 사람은 그 과정에서 다양한 경험을 하고 세부 사항을 모두 꿰고 있기 때문에 또 다른 어려운 문제에 맞닥뜨렸을 때 어떻게 행동해야 할지 알고 있기 때문입니다.

아마존 역시 면접 때 "복잡한 상황을 간단한 해법으로 돌파한 경험에 대해 설명하시오"와 같이 지원자가 과거에 문제를 해결한 경험을 통해 그 사람의 역량을 평가합니다.

그렇다면 지원자가 문제 해결 경험이 있다고 해서 우리 회사에 맞는 탁월한 인재일까요? 이를 판단하기 위해서는 지원자의 과거 행동과 결과가 앞으로 수행하게 될 직무와 관련된 것인지를 살펴봐야 합니다. 기업에 입사해서 부딪힐 만한 문제를 이미 경험한 적이 있어야 한다는 것입니다. 최근 기업들이 많이 활용하는 '인바스켓(in-basket)' 과제는 이런 면접 방식을 확대하고 강화한 것입니다. 인바스켓이란 외국 기업에서 많이 사용하는 방법으로, 직무와 연관된 문제 상황을 적어서 상자 안에 담아놓고 그중 하나를 골라 해결할 시간을

준 다음 면접을 보는 방식입니다. 기업은 지원자가 문제에 맞닥뜨렸을 때 어떤 태도와 행동을 하는지를 보고 직무 수행 능력을 파악합니다.

면접관을 평가하라

● ● ● ● ● ●

그렇다면 아마존을 비롯한 글로벌 기업은 면접에 앞서 어떤 준비를 할까요? 우선 면접관들은 사전 교육을 통해 어떤 사람을 왜 채용하는지, 또 어떤 역량을 갖춘 인재를 뽑아야 하는지를 숙지합니다. 면접관들은 채용할 직무나 직급에 따라 어떤 질문지를 선택할지, 면접에서 역할 분담과 절차, 전체적인 면접 분위기까지 미리 결정합니다.

가끔 면접을 하는 자리에서 지원자의 서류를 읽어보는 면접관들이 있습니다. 이런 면접관들은 대개 직무와 관련이 없거나 피상적인 질문을 던집니다. 더구나 면접 중에 지원자를 파악하느라 답변을 집중해서 들을 수도 없습니다.

탁월한 인재를 뽑는 기업은 면접관들이 지원자들에 대해 충분히 파악한 다음 면접을 합니다. 지원자의 경력 사항과 자기소개서, 평판 조회 자료 등을 미리 검토하고 질문 사항을 체크합니다. 그렇게 하면 면접의 효율은 높아지고 심층적으로 접근할 수 있습니다. 그리고 면접관들은 면접을 시작하기 전에 지원자들에게 어떻게 진행할지 설명합니다. 그리고 면접관이 일방적으로 질문하는 것이 아니라 자유롭게 서로 의견을 교환하는 자리임을 주지시킵니다. 특히 지원자들이 자신의 생각과 장점을 충분히 드러낼 수 있도록 세심하게 배려합니다.

또한 글로벌 기업들은 면접이 끝나면 그 방식과 절차 등을 종합적으로 평가한 다음 수정하고 보완합니다. 먼저 채용한 직원이 잘 적응해서 성과를 내고 있는지를 살펴보고 해당 면접관을 평가합니다. 면접에서 좋은 점수를 주고 채용한 직원이 부적합하다는 평가를 받을 경우 해당 면접관은 다시 교육을 받거나 교체됩니다. 또 질문지의 효과를 판단해본 다음 불필요한 것은 폐기하고 부족한 부분은 보완합니다. 면접장이나 면접 시간, 면접 분위기가 적절했는지도 점검합니다.

놀라운 성과를 내는 글로벌 기업들의 면접 과정을 살펴보면 이렇게 사전에 정교하게 설계되고 체계적으로 진행된다는 것을 알 수 있습니다. 이 모든 것이 채용 과정에서 생길 수 있는 오류를 줄이고, 가장 적합한 인재를 채용하기 위한 장치입니다. 면접 평가에서 두각을 드러내지 못한 사람이 입사 후에 예상을 뛰어넘는 성과를 내거나 혹은 면접에서 높은 점수를 받은 사람이 입사 후 기대만큼 성과를 내지 못한다면 면접 방식과 절차에 문제가 있는 것입니다. 글로벌 기업들은 이런 오류를 최대한 줄이기 위해 면접 과정과 절차를 지속적으로 수정 보완하고 있습니다.

면접 과정은 인력 채용을 넘어서서 회사의 브랜드 평판과도 연결됩니다. 일반적으로 면접에서 합격하는 사람보다는 탈락하는 사람들이 훨씬 더 많습니다. 그런데 면접에 참여하는 사람들은 회사의 내면을 가장 가까이에서 들여다본 외부인입니다. 이들이 어떻게 이야기하느냐에 따라 회사의 채용 브랜드가 큰 영향을 받게 됩니다. 상품을 구입할 때 사용 후기를 보듯이 기업에 입사하고자 할 때도 그 직원이나 해당 기업에서 면접을 본 경험이 있는 사람의 평을 참고하는 경우가 많습니다. 이런 이유로 회사의 채용 브랜드 평판이 우수한 인재의 지원을 적극 유도할 수 있고, 반대로 강하게 차단할 수도 있습니다.

면접에서 탈락한 지원자들에게도 좋은 이미지를 남길 수 있도록 노력해야 하는 이유가 바로 여기에 있습니다. 면접은 기업의 투자설명회 못지않게 중요한 자리이기 때문입니다.

구글의
3조짜리 어크하이어(acq-hire)

중국 기업의 인재전쟁

● ● ● ● ● ●

"제품과 서비스의 경쟁력을 높이려고 하는데 직원들의 업무 역량이 예상보다 훨씬 떨어집니다. 교육을 통해 역량을 끌어올리는 데도 한계가 있고요. 그래서 인력 교체를 통해 조직의 역량을 업그레이드하려고 합니다. 그런데 대규모 인재를 영입해 단기간에 조직을 업그레이드할 때 기존 직원들이 어떤 반응을 보일지 걱정입니다."

한 중견 기업 사업본부장의 고민입니다.

인재 영입을 통한 조직 역량 업그레이드는 현재 중국 기업에서 가장 활발하게 진행되고 있습니다. 중국은 반도체와 디스플레이 기업을 중심으로 세계 주요 기업의 인재들을 진공청소기처럼 빨아들이고 있습니다. 중국 기업들은 '1년 연봉의 5배를 3년간 보장한다'는 파격적인 조건으로 한국과 대만의 반도체 기술자들을 불러 모으고 있습니다. 심지어 한국과 대만의 반도체와 디스플레이 기업 주변에는 중국 측 헤드헌터들이 상주하면서 인재를 스카우트하고 있습니다. 중국의 국영 디스플레이 회사 BOE에는 삼성전자, LG전자, SK하이닉스 출신의 간부급 엔지니어 수백 명이 근무하고 있을 정도입니다.

중국 기업들이 해외의 인재들을 영입하는 이유는 자체 역량으로는 글로벌 선발기업을 따라잡을 수 없기 때문입니다. 특히 기술 분야는 해당 분야의 경력이 있는 인재를 영입하는 것이 기술 격차를 좁히고 선발기업과 경쟁할 수 있는 가장 빠르고 효과적인 방법입니다.

중국의 인재 영입을 통한 조직 역량 업그레이드 전략은 상당한 성과를 거두고 있습니다. 최근 반도체와 디스플레이 분야에서 중국 기업의 기술이 눈에 띄게 발전했을 뿐 아니라 머잖아 선발 기업을 따라잡을 것이라는 전망이 나오고 있습니다. 한국 기업을 비롯한 선발기업과의 격차가 2~3년밖에 나지 않는다는 것입니다. 한국 기업도 과거에는 일본과 미국을 비롯한 외국 기업의 기술력과 인재를 적극적으로 영입함으로써 조직의 역량과 경쟁력을 강화해 선발기업을 추격했는데, 이제 중국 기업들이 한국 기업의 성장 전략을 그대로 따라 하고 있습니다.

물론 우수한 인재를 영입해 조직의 역량을 끌어올리는 전략이 늘 성공하는 것은 아닙니다. 자칫 새로운 인재가 영입되면서 기존 직원들이 혼란을 겪거나 대거 이탈해 조직이 와해될 우려도 있습니다. 특히 임원의 대규모 영입은 조직적인 저항을 불러일으켜 많은 부작용만 양산하다 실패로 끝날 수 있습니다.

과거 삼성 출신 임원을 대거 영입했던 어떤 기업에서는 조직 내에 "삼성 출신 임원들은 점령군처럼 행동하고 자신의 성과 부족을 시스템 미비 탓으로 돌린다"는 불만이 쏟아져 나왔습니다. 일부 임직원들은 "우리 회사의 시스템이나 구성원들의 역량이 떨어지는 것도 아닌데 삼성 출신 임원들은 우리를 삼류 취급하고 있다"고 공개적으로 볼멘소리를 서슴지 않았습니다.

이렇게 새로운 인재 영입으로 조직구성원과 시스템이 한꺼번에 변할 때 조직 내부는 혼란과 갈등을 겪게 마련입니다. 이때 중요한 것은 최고경영자의 의지입니다. 변화에 따른 불가피한 내부 갈등이나 업무 공백은 감수하겠다는 의지를 분명하게 피력해야 조직 내의 혼란을 막을 수 있습니다.

구글이 스타트업 인수에 열정적인 이유

• • • • • •

글로벌 기업들은 개별적으로 우수한 인재를 영입하기도 하지만,

유망한 스타트업을 인수하는 방식으로 부족한 역량과 기술력을 단번에 업그레이드하는 경우도 있습니다.

"구글이나 애플, 페이스북 등이 기업을 인수하는 것은 기업 자체보다 인재 확보의 목적이 크다. 인재가 기업의 가치를 끌어올리는 핵심 역할을 하기 때문이다."

컨설팅 기업 맥킨지의 전 회장 도미니크 바튼(Dominic Barton)의 말입니다. 그는 일반적인 기업은 인수합병을 할 때 재무 상태와 향후 이익을 중점적으로 고려하지만, 성공하는 기업은 핵심인재를 발굴하는 데 집중한다고 말합니다. 이처럼 핵심인재를 얻기 위해 기업을 통째로 인수한 사례들이 있습니다.

2014년 구글은 실리콘밸리의 스타트업인 스마트홈 전문회사 네스트랩스(Nest Labs)를 32억 달러(약 3조 4천억 원)에 인수했습니다. 2006년 유튜브 인수 금액의 2배에 달하며, 모토로라 인수 금액(125억 달러)을 제외하면 가장 큰 규모의 인수입니다.

미국의 경제 뉴스 매체 마켓워치는 구글의 네스트랩스 인수에 대해 "구글이 취약한 사물인터넷(IoT)을 충족함으로써 생활의 모든 분야를 장악하게 됐다"고 평가했습니다. 네스트랩스에서 개발한 인공지능이 탑재된 작은 온도 조절기와 화재 연기 탐지 장치가 집 안의 전자기기와 연결되면 모든 가전제품이 자동으로 작동하는 홈스마트를 실현할 수 있기 때문입니다. 구글은 네스트랩스 인수를 통해 인터넷 분야뿐 아니라 스마트 가전 시장에서도 경쟁력을 확보할 수 있게 되었습니다.

더욱 놀라운 것은 네스트랩스를 구성하고 있는 인적자원입니다. 네스트랩스 창업자는 애플의 아이팟을 개발한 토니 퍼넬(Tony Fadell) 과 매트 로저스(Matt Rogers)입니다. 구글이 인수할 당시 네스트랩스 의 직원 300여 명 대부분이 애플 출신으로, IT 업계에서는 '작은 애 플'로 불리기도 했습니다. 구글은 네스트랩스 인수로 홈스마트 기술 력뿐 아니라 애플 출신의 사물인터넷 분야 인재들까지 대거 영입하 는 효과를 거둔 것입니다.

2012년 페이스북은 직원 13명에 수익이 전혀 나지 않던 인스타그 램을 10억 달러(약 1조 원)에 인수하면서 서비스를 그대로 유지하는 한편 창업자를 비롯한 모든 인력을 그대로 수용해 독립적인 경영을 보장했습니다. 페이스북이 인스타그램을 인수한 것은 사진 공유에 최적화된 SNS 사이트를 통해 모바일 시장을 확대하기 위해서였습 니다. 인스타그램은 사용자 수가 8억 명으로 기업가치는 5억 달러에 달하는 대표적인 SNS 기업입니다.

그런데 이 인수에는 다른 노림수가 있었습니다. 인스타그램의 창 업자 캐빈 시스트롬(Kevin York Systrom)은 페이스북 CEO 마크 저커 버그(Mark Zuckerberg)가 영입하고자 했던 인재였습니다. 캐빈 시스 트롬은 사교 클럽 회원들을 대상으로 파티 사진을 공유하는 '포토박 스'를 개발했을 때 저커버그에게 영입 제안을 받았지만 거절했습니 다. 저커버그가 다시 한 번 제안했지만 그는 또 거절했습니다. 저커 버그로서는 인스타그램 인수를 통해 세 번째 시도에서 그를 페이스 북에 합류시킨 것입니다. 이렇게 해서 페이스북은 인스타그램의 미래 가치와 함께 새로운 인재를 영입하는 데 성공했습니다. 페이스북의 인스타그램 인수는 비즈니스 관점에서 성공적일 뿐 아니라 실리콘밸리의 인재들이 페이스북에서 일하고 싶어 하는 효과를 거뒀다는 평가를 받았습니다.

아마존이 천문학적 비용을 투자하고 얻은 것은?

· · · · · · ·

글로벌 기업이 스타트업의 인재를 영입하기 위해 회사 자체를 인수하는 것을 '어크하이어(acq-hire)'라고 합니다. '인수(acquisition)'와 '고용(hire)'의 합성어로 '인재 인수'라고 할 수 있습니다. 한국에서는 생소한 어크하이어는 첨단기술 기업의 인재 중심 경영을 단적으로 보여줍니다. 기업이 기업을 인수할 때 기술력과 자산가치보다는 인재와 조직문화 등 무형의 가치를 더 중점적으로 고려한다는 것입니다. 첨단기술 기업의 스타트업 인수 비용이 실제 가치보다 훨씬 더 큰 이유는 실력이 검증된 인재와 기술 노하우, 더 나아가 혁신이 가능한 조직문화 등 무형자산이 그 이상의 부가가치를 창출할 수 있다고 판단하기 때문입니다.

2009년 아마존은 세계 최대의 온라인 신발 쇼핑몰 자포스를 인수했습니다. 아마존 CEO 제프 베조스는 자포스의 기업 문화와 잠재력을 높이 사며, 아마존의 비전과 고객 가치를 실현하기 위해 아마존 사상 최대 규모의 투자를 결정했다고 밝혔습니다. 그는 인수 후에도 자포스의 CEO 토니 셰이(Tony Hsieh)에게 경영권을 일임해 독자적인 경영을 보장했습니다. 아마존의 인수에 관해 마케팅 전문가 세스 고딘(Seth Godin)은 "세계 유일의 기업 문화와 탁월한 경영 모델 등 자포스만의 무형자산을 얻기 위해 천문학적인 비용을 지불했다"고 말했습니다. 지금도 토니 셰이는 혁신을 가로막는 관료주의를 없애고 완벽한 수평적 조직을 만들기 위해 파격적인 시도를 이어가고 있습니다.

기업 환경이 불확실한 시대에는 '무엇'을 '어떻게' 할 것인가보다 '누가' 혁신을 이끌 것인가가 더 중요합니다. 2020년을 앞둔 이 시점에서 기존의 제품력이나 수익 모델이 계속 유효할까요? 혁신이 필요하다는 데 모든 경영자들이 공감할 것입니다. 기업 내 혁신을 단행하고 새로운 비즈니스 모델을 만들기 위해 변화하는 환경에 발빠르게 대처할 수 있는 인재가 절실한 때입니다.

2장
• • •

되는 기업, 되는 사장의
인재관리는 어떻게 다른가

"인재를 적재적소에 배치하는 능력이 기업의 성패를 가르게 될 것이다."

– 도미니크 바튼(맥킨지 전 회장)

텐센트 장샤오롱은
CEO보다 연봉을 얼마나 더 받을까?

높은 연봉은 미래를 위한 투자

● ● ● ● ● ●

중국의 인터넷 기반 서비스 기업 텐센트(Tencent)가 2018년 초 가장 성과를 많이 낸 게임 개발팀에게 1인당 165억 원의 성과급을 지급해 세계를 깜짝 놀라게 했습니다. 시가총액 4,950억 달러(약 555조 원)로 세계에서 다섯 번째이자 아시아 최대, 중국에서는 알리바바를 제치고 시가총액 1위에 오른 텐센트는 파격적인 성과급으로 유명한 기업입니다.

텐센트는 2010년에 최고의 성과를 올린 팀의 직원들에게 연봉의 48배를 성과급으로 지급하기도 했습니다. 텐센트의 평균 연봉은

1억 3천만 원으로 한국과 홍콩의 최고 수준을 이미 뛰어넘었고, 매년 연봉이 가파르게 상승하고 있습니다. 우리나라의 카카오톡과 같은 서비스 위챗(We Chat)을 개발한 장샤오롱(张小龙)의 연봉은 3억 위안(약 488억 원)으로 마화텅(馬化騰) 회장의 연봉보다 10배 더 많다고 합니다.

텐센트가 이처럼 세계 최고 수준의 연봉과 파격적인 성과급을 지급하는 이유는 다름 아닌 인재 유출을 방지하기 위해서입니다. 직원이 열심히 일해서 성과를 내면 그에 상응하는 보상을 하니 IT 인재들이 모여들 수밖에 없습니다. 성과에 걸맞은 파격적 보상은 끊임없이 수혈되는 인재들이 또다시 창의적인 아이디어로 성과를 창출해내는 선순환 구조를 만듭니다. 그런 점에서 텐센트 경영진에게 직원들의 높은 연봉은 비용 지출이 아니라 선투자인 것입니다.

인적자원 관리 컨설팅 회사 왓슨와이어트(Watson Wyatt)는 불황기의 기업 현황을 조사한 결과(2000~2003년) 업무에 따른 성과급 차이가 큰 기업일수록 경영 성과가 좋은 것으로 나타났다고 밝혔습니다. 성과급이 가장 높은 직원과 낮은 직원의 차이가 4.7배인 기업은 주주수익률이 47퍼센트였고, 성과급 차이가 2.1배인 기업은 주주수익률이 -2.0퍼센트였다는 것입니다.

이처럼 글로벌 기업이나 혁신 기업일수록 성과에 따른 보상도 크고 최저 보상과 최고 보상의 격차도 상상을 초월할 만큼 크게 벌어져 있습니다. 역량에 따른 연봉 체계가 그대로 성과급에 반영되기 때문입니다. 그러나 우리나라의 경우 여전히 연공서열식 임금 체계가 남아 있어 성과급 차이에 대한 인식이 글로벌 기업의 기준에 한참 못 미치고 있습니다.

같은 일을 하고도 성과급 차이는 100배

• • • • • • •

연공서열식 임금 체계를 가진 기업의 경우 사업을 대대적으로 확장하는 과정에서 고액의 연봉을 주고 유능한 인재를 적극 영입하면 기존 직원들과 성과급 차이가 클 수밖에 없습니다. 이들은 입사 후에도 성과가 좋으면 연봉이 다시 크게 오르다 보니 직급이 더 높고 재직 기간이 오래된 기존의 직원보다 연봉이 훨씬 높아집니다. 이 때문에 기존 직원들은 종종 보상이 불공정하다며 불만을 토로합니다.

하지만 생각해보세요. 같은 일을 하더라도 업무 성과가 뛰어난 직원에게 평균 이상의 보상을 하는 것과 업무 성과가 높든 낮든 모든 직원에게 같은 보상을 하는 것 중에 어느 것이 더 공정할까요?

조직에 대한 기여도와 보상이 일치해야 공정한 것이 아닐까요? 열심히 일해서 높은 성과를 올린 사람과 아무런 성과를 거두지 못한 사람에게 똑같은 월급을 주는 것이 과연 공정한 것일까요? 아마도 성과에 따라 보상을 차등 지급해야 한다는 데 모두 공감할 것입니다. 하지만 보상의 차이를 얼마나 둘지에 대해서는 의견이 다를 수 있습니다. 어떤 전문가들은 평균 연봉의 20퍼센트 이상, 또는 50퍼센트 이상 차이가 나서는 안 된다고 주장합니다. 그러나 보상의 기준을 정하는 것은 전적으로 기업의 정책이자 경영자의 몫입니다.

물론 대부분의 기업은 성과를 많이 내고 조직에 대한 기여도가 높은 직원에게 더 많은 보상을 하는 것이 당연하다고 생각합니다. 그러나 실제로는 기업의 상당수가 아직도 역량과 성과가 아닌 연공서열을 기준으로 보상하고 있습니다. 성과와 능력에 따라 보상의 차이를 둔다 하더라도 격차가 20~30퍼센트에 불과합니다.

이렇게 되면 유능하고 잠재력이 큰 직원들은 자신들의 능력에 대해 더 높은 가치를 매기는 기업으로 떠나게 됩니다. 또한 인재들은 역량과 성과를 제대로 인정해주지 않는 기업을 선택하지 않습니다. 기업이 우수한 직원을 뽑기 어렵다는 뜻입니다.

일반적으로 글로벌 기업의 경우 같은 일을 하더라도 성과에 따라 보상 차이가 3~5배이고, 특수한 분야는 100배 이상 차이가 나기도 합니다. 스톡옵션을 전혀 받지 못하는 직원이 있는 반면 역량과 성과를 인정받아 100만 달러의 스톡옵션을 받기도 하니까요.

거듭 강조하지만 직급이 낮은 직원이라도 탁월한 성과를 냈다면 파격적으로 보상하는 것이 공정합니다. 왜냐하면 유능한 직원은 회사의 보상보다 더 큰 가치를 창출하기 때문입니다. 따라서 역량과 성과에 따라 보상 수준이 다른 것은 지극히 합리적인 정책입니다. 더 나아가 회사의 성장에 크게 기여할 만한 인재를 끌어들이려면 보상의 격차를 제한하지 않고 단계적으로 더 벌려나가야 합니다.

연봉 격차, 공정과 공평 사이

● ● ● ● ● ●

하지만 오랫동안 연공서열 시스템에 익숙한 직원들은 보상의 격차를 받아들이기 쉽지 않을 것입니다. 이들은 직급과 나이와 무관하게 보상 수준이 결정되는 것을 불공정하다고 생각할 수 있습니다. 특히 같은 일을 하는 직원일 경우 연봉 격차가 벌어질수록 불만이 커집니다.

따라서 기업이 성과급 체계를 바꿀 때 가장 중요한 것은 직원들의 인식 전환이라는 점을 염두에 둬야 합니다. 직원들은 공평과 공정을 혼동하는 경우가 많습니다. 따라서 공정의 정확한 뜻이 무엇인지, 회사의 정책이 어떤 점에서 공정한지를 설명해주어야 합니다. 같은 일을 하는 사람들에게 같은 보상을 하는 것은 공정이 아니라 공평입니다. 공평은 어느 한쪽으로 치우치지 않고 고른 것을 뜻합니다. 공평한 분배와 공정한 분배가 다르듯이, 역량과 성과에 따라 보상이 다른 것은 공정한 것이라는 인식을 심어주어야 합니다.

여기에서 경영자와 관리자의 역할이 중요합니다. 이 같은 보상 체계를 완전히 이해한 다음 왜 같은 일을 하는데도 연봉이 다를 수밖에 없는지, 왜 어떤 직원에게는 파격적인 보상을 하는지, 직원들에게 자세히 설명해야 합니다. 그래야 기업이 정한 성과와 보상 체계가 동기부여와 연계되어 긍정적인 효과를 발휘할 수 있습니다.

한편 직원들에게 보상은 성과에 대한 보답이지만, 기업 입장에서 보상은 행동 지침의 의미가 있습니다. 기업의 지침대로 행동해서 결과를 만들어낼 경우 그에 상응하는 보상을 하겠다는 것입니다. 따라서 어떻게 해야 최고의 보상을 받을 수 있고, 그런 보상 체계가 어떻게 운영되고 있는지 모든 직원들이 공감할 수 있게 만들어야 합니다.

같은 일을 하는 동료가 자신보다 성과급을 2~3배, 어떤 경우 10배 이상 더 많이 받는다는 것을 받아들이기는 쉽지 않을 것입니다. 더구나 보상이 불공정하다고 생각하면 업무에 몰입하기가 어렵고 성과를 기대할 수도 없습니다. 이런 이유로 상당수의 기업들이 성과에 따른 보상 격차가 기업의 발전을 위해 필요하다는 것을 알면서도 선뜻 도입하지 못하고 있습니다.

1993년 독일 프랑크푸르트 임원 교육으로 시작된 이건희 회장의 신경영은 삼성그룹 전체에 큰 변화를 몰고 왔습니다. 그 가운데 하나가 연공서열 시스템에서 역량과 성과에 따른 보상 시스템으로 바꾼 것이었습니다. 삼성그룹은 창업 이후부터 일본식 연공서열 시스템을 유지해왔습니다. 역량과 성과가 일부 보상에 반영되기는 했지만 직원들이 피부로 느낄 정도는 아니었습니다. 그러나 신경영이 구체화되면서 삼성은 보상을 결정하는 요소로 역량과 성과의 비중을 급격하게 늘렸습니다. 이와 같은 보상 체계의 변화는 삼성이 일본식 경영에서 미국식 경영으로 전환하는 데 큰 영향을 미쳤습니다.

물론 이 같은 변화 과정에서 직원들의 불만과 혼란이 적지 않았습니다. 하지만 이런 혼란을 잠재운 사람이 바로 이건희 회장이었습니다. 이 회장은 직접 임원들 앞에서 변화의 필요성과 방향을 강조하

며 오랫동안 삼성을 지배해온 일본식 연공서열 시스템을 몰아내야
하는 이유를 설파했습니다.

기업은 일반적으로 최고의 직원과 최하의 직원에게 투자하는 것
이 가장 효과적입니다. 보통 상위 5퍼센트 이내의 유능한 직원은 회
사의 보상보다 더 큰 성과를 만들어냅니다. 또 하위 5퍼센트 이하의
직원은 성과 개선의 기회가 많기 때문에 투자 대비 효과가 가장 큽
니다. 전문가들은 하위 직원의 성과 개선에 상위 직원의 조언이 큰
도움이 된다고 말합니다. 더불어 상위 5퍼센트의 직원에 대한 보상
이 하위 5퍼센트 이하의 직원들에게 강력한 동기부여가 된다고 설
명합니다.

또 하나 짚고 넘어가야 할 것은 직원들이 불공정하다고 생각하는
것이 보상 시스템 자체가 아니라 보상을 결정하는 구체적 과정과 절
차일 수 있다는 점입니다. 따라서 직원들에게 충분히 설명하고, 직
원들의 의견을 적극적으로 수용하려는 노력이 필요합니다. 직원들
의 의견이 반영되고 있다는 사실이 알려지면 불공정성에 대한 우려
는 빠르게 사라질 것입니다.

실리콘밸리 인재들의
직장 선택 기준

CEO가 리크루팅에 나서는 이유

● ● ● ● ● ●

"천하의 인재를 뽑아서 내 사람으로 쓰겠다."

중국의 국가 주석 시진핑(習近平)의 말입니다. 최근 중국은 첨단기술로 세계시장을 선도하기 위해 국가 차원에서 인재 영입에 적극 나서고 있습니다. 새로운 시대를 준비하는 중국은 거대 자본을 앞세워 마치 블랙홀처럼 전 세계의 인재를 빨아들이고 있습니다. 이에 따라 IT 인재는 물론 노벨상 수상자를 비롯한 석학들과 과학 분야의 전문가들도 많은 계약금과 연구 자금을 지원하는 중국으로 향하고 있습니다.

인공지능(AI)을 중심으로 한 첨단기술 산업이 세계 경제를 주도하는 요즘 기업의 주요 성장 전략은 핵심인재를 확보하는 것입니다. 기업의 핵심역량을 끌어올려 지속 성장을 위한 경쟁력을 창출하는 것이 바로 핵심인재들이기 때문입니다. 'AI 인재 쟁탈전', '삼성 2020년까지 1천 명 이상 AI 인력 확보 목표', '중국 기업 바이두 AI 인재 10만 양성 진행'과 같은 뉴스 헤드카피는 인재 영입 경쟁이 얼마나 치열한지를 잘 보여줍니다.

과거에는 핵심인재를 전담 부서가 관리했다면 지금은 CEO가 직접 영입과 관리에 나서는 이유도 여기에 있습니다. 더 나아가 글로벌 기업들은 어떻게 하면 모든 구성원을 유능한 인재로 채울지를 늘 고민합니다. 이를 위해 아마존은 A급 인재가 추천하는 사람을 위주로 채용하고, 넷플릭스는 전 직원을 A급 인재로 채우기 위해 철저한 검증 프로그램을 시행하고 있습니다.

월스트리트보다 높은 실리콘밸리의 연봉

• • • • • •

"적절한 인재를 구하려면 그에 상응하는 보상을 해야 한다." IT 인력파견 회사 모디스(Modis)의 CEO 잭 컬렌(Jack Cullen)은 평균 인상률로는 인재를 지속적으로 확보할 수 없을 것이라고 말합니다. 기업의 역량과 경쟁력을 끌어올리는 뛰어난 인재를 보유하려면 그만한 투자가 뒷받침되어야 한다는 것입니다. 보상은 업무 몰입도와 직장 만족도에도 큰 영향을 미치기 때문입니다. 따라서 연봉 수준이 낮다면 우수한 인재 확보는 원천적으로 불가능합니다.

전 세계에서 인재들을 끌어들이고 있는 바이두(百度)는 최근 AI 분야의 인재를 확보하기 위해 관련 전문가들에게 "미국 기업보다 15퍼센트 이상 많은 연봉을 주겠다"고 제안했습니다. 구글을 모방하면서 시작한 바이두는 지금 구글을 위협할 정도로 막강한 중국 최대의 검색엔진 기업이 됐습니다. 바이두는 실리콘밸리에 자율주행과 인공지능 연구소를 설립한 뒤 인재를 싹쓸이하고 있습니다.

삼성전자는 5년 전에 인도 대학의 이공계 졸업생을 채용하기 위해 15만 달러의 연봉을 내걸기도 했습니다. 인도의 1인당 평균 국민소득이 한국의 10분의 1이 채 안 된다는 점을 감안하면 어마어마한 연봉입니다. 그뿐만 아니라 삼성전자는 구글과 마이크로소프트, 우버 같은 세계적인 회사의 검증된 전문가들을 영입하면서 인재에 대한 투자를 확대하고 있습니다.

요즘 글로벌 헤지펀드 회사들은 30만 달러의 연봉을 주고 세계적인 명문 대학의 컴퓨터과학 전공자들을 영입하고 있습니다. 금융 분야에서 과학과 공학 지식을 활용한 투자가 늘고 있기 때문입니다. 이들은 구글이나 애플, 페이스북 같은 첨단기술 기업 출신 인력을 적극적으로 끌어들이고 있습니다. 특히 실리콘밸리의 글로벌 기업들은 세계 최고 수준의 연봉은 물론 자유로운 근무 환경과 복지, 스톡옵션까지 제시하면서 인재 확보에 나서고 있습니다.

기업들이 파격적인 제안을 하며 인재 확보에 나섬에 따라 세계의 인력 지형도 바뀌고 있습니다. 영국 경제 주간지 「이코노미스트」는 "미국 실리콘밸리의 임금 수준이 빠르게 상승하면서 월스트리트 금융권을 추월했다"고 전했습니다. 실리콘밸리의 평균 연봉이 월스트리트보다 60퍼센트 높아졌다는 것입니다. "구글과 페이스북의 임금이 상대적으로 높은 것은 유능한 엔지니어를 확보하려는 실리콘밸리 거대 기업의 인재전쟁을 보여주는 것"이라고 「월스트리트저널」은 분석했습니다.

연봉, 그리고 플러스알파

• • • • • •

'업계 최고 연봉'. 핵심인재를 영입할 때 높은 연봉은 분명 매력적인 조건입니다. 연봉은 단순히 월급이 아니라 그 사람의 현재 능력은 물론 미래 가치를 수치화한 것이기 때문입니다. 자신의 가치를 높이 평가하는 기업에 들어가려고 하는 것은 인지상정입니다. 따라서 우수한 인재를 확보하려면 연봉 수준을 경쟁사 이상으로 끌어올려야 합니다. 특히 탁월한 인재들이 기꺼이 입사해서 능력을 발휘할 수 있을 만큼의 연봉을 투자해야 합니다.

"연봉이 중요한 것은 알지만 영입하고 싶은 인재들이 만족하는 연봉을 제시하려면 경영에 적지 않은 부담이 된다"고 말하는 사람들이 있을 겁니다. 회사의 여력이 되지도 않는 데다 자칫 형평성 논란만 불러일으킬 수도 있습니다. 그러나 우수한 인재를 확보하려면 적정한 연봉을 지급하고 있는지를 반드시 점검해봐야 합니다. 인재 영입뿐 아니라 기존에 일하고 있는 유능한 인재를 지키는 데도 중요하기 때문입니다.

보상의 영향력은 경영자들이 생각하는 것보다 훨씬 더 큽니다. 경쟁 기업들이 파격적인 조건을 제시하면 회사의 핵심인력이 빠져나갈 수 있습니다. 핵심인력이 빠져나가면 회사는 빠르게 변화하는 트렌드에 뒤처질 수밖에 없습니다. 어떤 기업들은 핵심인재의 이탈을 막기 위해 기업 문화와 비전을 내세우지만 경쟁사와의 연봉 격차를 상쇄하기에는 역부족입니다.

물론 직원들의 직급과 직책이 일정 단계를 넘어서면 이직률은 자연히 낮아집니다. 더구나 중간간부 이상은 이미 일정한 수준의 연봉을 받고 있을 가능성이 큽니다. 이들이 회사를 잘 옮기려 하지 않는 것도 이직에 따른 실익이 크지 않기 때문입니다. 하지만 이들도 경쟁사에서 훨씬 더 높은 연봉을 제시한다면 이직을 고려하지 않을까요? 이처럼 보상은 핵심인재의 유출과도 밀접한 관련이 있습니다.

그렇다면 연봉 수준을 높이기만 하면 우수한 인력을 많이 확보할 수 있을까요? 물론 연봉을 뛰어넘을 만큼 매력적인 조건을 찾기가 쉽지는 않겠지만 그렇다고 인력 확보에서 경제적인 보상이 전부는 아닙니다.

연봉보다 중요한 것은 그 대상, 즉 누구에게 주느냐 하는 것입니다. 보상의 목적이 무엇일까요? 애초에 의욕이 없는 사람에게 보상을 주어서 의욕을 불러일으키기 위한 것이 아닙니다. 기본적으로 의욕을 갖고 있는 사람이 최선의 결과를 이끌어낼 수 있는 여건을 조성하기 위한 것입니다. 말하자면 그만한 가치가 있는 사람에게 주어야 한다는 것입니다. 의욕이 없는 사람들의 연봉을 높이면 경영 부담만 키울 뿐입니다.

보상의 효과를 극대화하려면 성취 의욕이 강한 사람에게 보상을 집중해야 합니다. 기업들이 핵심인재에게 높은 연봉을 주는 것도 이 때문입니다. 역량을 발휘한 만큼 인정해준다는 확신을 심어주어 동기부여를 하는 것입니다. 사람들은 가치를 인정받고 있다고 느끼면 자신의 역량을 극대화하게 됩니다.

그다음으로 중요한 것은 공정성입니다. 누구나 정당한 보상을 받고 있다고 느낄 때 성취 의욕이 올라갑니다. 성과에 따른 보상은 차등적일 수밖에 없습니다. 이때 중요한 것이 투명한 기업 문화입니다. 누구나 성과를 올리면 그에 따른 보상을 받는다는 신뢰가 있다면 설령 지금은 적은 보상을 받고 있더라도 성취 의욕을 잃지는 않을 것입니다.

높은 연봉보다 더 매력적인 것

● ● ● ● ● ●

큰 틀에서 보면 보상은 동기부여 방법 중 하나입니다. 따라서 다른 동기부여 방법과 함께 주어질 때 보상의 효과는 더욱 커집니다. 상승작용을 일으키는 것입니다. 예를 들어 연봉은 만족스러운데 승진이나 직무 선택이 불만족스럽다면 연봉의 동기부여 효과가 반감될 수밖에 없습니다. 연봉이 높은 편인데도 직원의 이직률이 높은 경우는 보상 이외에 다른 동기부여가 부족하기 때문입니다.

따라서 연봉 수준을 높이려고 할 때는 보상의 효과를 극대화할 수 있는 다른 방법도 함께 검토해야 합니다. 예를 들어 경력 개발 기회, 독창적이고 즐거운 업무 경험, 비즈니스 성취 경험, 불필요한 긴장과 압박이 없는 기업 문화, 자유로운 휴가 사용 등을 함께 시행하는 것입니다.

마지막으로 지나친 보상을 주의해야 합니다. 보상이 크다고 해서 동기부여가 강해지는 것은 아닙니다. 보상이 일정한 수준을 넘어서면 연봉 상승에 따른 동기부여 효과가 이전만큼 크지 않게 됩니다. 일반적으로 사람은 적당한 부를 얻고 나면 다른 것을 추구하게 됩니다. 연봉이 일정한 수준을 넘어서면 의사 결정에서 연봉은 더 이상 최우선 순위가 아닙니다.

혁신과 창의성이 요구되는 지식 노동자에게 연봉 못지않게 중요한 것은 자율성과 성장 기회입니다. 모디스의 조사에 따르면 응답자의 26.4퍼센트는 연봉 외에 일과 삶의 균형, 유연한 근무 환경, 경력 개발 기회가 중요하다고 대답했습니다. 글로벌 비즈니스 인맥 사이트 링크드인(Linkedin)은 실리콘밸리에서 직원 복지가 가장 뛰어난 기업으로 알려져 있습니다. 자유로운 근무 환경, 유연한 출퇴근 시간, 직원들을 위한 헬스장과 스낵바까지. 링크드인을 선택한 사람들은 단순히 높은 연봉에만 끌리지 않았으리라는 것을 짐작할 수 있습니다.

오직 높은 연봉만으로 뛰어난 인재를 영입할 수 있다는 생각은 버려야 합니다. 기업들이 원하는 것은 혁신을 추진할 수 있는 인재입니다. 여러 기업들이 이들에게 고액 연봉을 제시하며 영입을 제안합니다. 따라서 이들을 영입하려면 적정한 연봉 외에 흥미를 끌 수 있는 다른 제안도 함께 고려해봐야 합니다. 그래야 뛰어난 인재들이 오래 근속하면서 자신의 역량을 발휘해 기업의 혁신을 이끌어낼 수 있습니다.

64퍼센트는 실패한다.
인재 영입 성공의 3가지 조건

인재가 조직 적응에 실패하는 이유

· · · · · · ·

생물이 환경에 적응하면서 유전적으로 변화하는 것을 진화라고 합니다. 이렇게 진화(발전)하려면 새로운 것이 유입되고 적응하는 과정을 거쳐야 합니다. 인간과 문명의 진화도 마찬가지입니다. 새로운 환경에 맞닥뜨려서 성공적으로 적응했을 때 비로소 한 단계 더 발전하는 것입니다. 이러한 진화의 전 단계가 바로 적자생존입니다. 즉 '환경에 적응하는 생물만이 살아남고, 그렇지 못한 것은 도태되어 멸망하는 것'으로, 우선 적응해서 살아남아야 진화를 할 수 있습니다.

적자생존과 진화의 원리는 인류의 역사뿐 아니라 기업 경영과 조직문화에도 적용됩니다. 기업도 급격하게 변화하는 환경에 맞춰 빠른 성장을 추구할 경우 내부의 인력만으로는 한계가 있습니다. 역량과 성과가 검증된 외부의 인재를 영입하는 것이 기업의 성장에 훨씬 효과적일 수 있습니다.

하지만 전사적으로 영입한 인재들 중에 조직 적응에 어려움을 겪거나 기대한 만큼의 성과를 내지 못하는 경우가 많습니다. 조직 적응에 실패한 후 입사한 지 얼마 되지 않아 회사를 떠나는 사람들도 있습니다.

이처럼 외부에서 인재를 영입할 때도 중요한 것은 적응입니다. 이들이 기업을 한 단계 더 끌어올리기 위해서는 우선 조직 내에서 적응하고 살아남아야 합니다. 생존의 원리가 약육강식이 아닌 적자생존이라고 하는 것도 이와 같은 맥락입니다. 강한 자가 살아남는 것이 아니라 적응하는 자가 살아남는다는 것입니다. 아무리 강하고 뛰어난 인재를 영입했다 하더라도 조직문화에 적응하지 못하면 오래 버틸 수 없습니다.

이때 중요한 것은 영입한 인재들이 최대한 적응할 수 있는 환경을 만들어주는 것입니다. 이들이 먼저 순조롭게 적응해야 이후에 성과를 올릴 수 있기 때문입니다. 더구나 외부에서 영입한 인재가 적응에 실패하는 사례가 늘어날수록 외부 영입을 기피하게 되고 기업의 혁신은 그만큼 더딜 수밖에 없습니다.

적자생존, 이식성이 높은 사람

．．．．．．．

변화와 성장을 위해서는 인재 영입이 절실한데도 효과를 자신할 수 없기에 망설이는 기업들이 많습니다. 특히 경영진이나 임원을 영입할 때는 깊이 고민해봐야 합니다. 중책을 맡은 사람이 제대로 적응하지 못하면 그만큼 기업의 손실이 클 수 있으니까요. 그렇다고 내부 조직만으로는 급변하는 시장 상황에 대처하고 과감한 성장 전략을 추진하는 데 한계가 있습니다.

특히 글로벌 기업으로 성장하고자 한다면 기업의 판도를 바꿀 만한 핵심 기술자나 사업 책임자가 필요합니다. 세계적 수준의 인재 없이 세계적 수준의 기업이 될 수 없기 때문입니다. 하지만 문제는 영입의 성공률입니다. 미국 기업을 대상으로 조사한 결과 임원 영입에 실패한 경험이 있다고 응답한 기업이 64퍼센트라고 합니다. 한국 기업의 최고경영자들에게도 "고위간부 영입이 기대만큼 만족스러웠는가?"라고 물었을 때 "그렇다"는 대답보다 "글쎄요"라는 대답이 더 많을 것입니다. 또 "영입한 임원급 핵심인재가 잘 적응해서 성과를 내는 경우가 얼마나 되느냐?"고 묻는다면 대부분 "절반 이하"라고 대답할 것입니다.

이렇게 임원급 핵심인재의 영입은 매우 중요하지만 성공하기가 쉽지 않습니다. 새로 영입한 핵심인재가 제대로 적응해서 성과를 내려면 어떻게 해야 할까요?

첫째, 영입하기 전에 정지 작업을 충분히 해야 합니다. 즉, 조직 내부에 영입의 필요성에 대한 공감대가 형성되어야 합니다. 기존 직원들에게는 뛰어난 인재가 조직에 합류한다는 기대감보다는 경쟁자가 늘어난다는 경계심이 더 크게 다가옵니다. 따라서 조직구성원들이 외부 영입을 제대로 이해하지 못하면 부정적으로 바라보게 됩니다. 이런 상황에서는 새로 영입한 간부가 조직에 적응하는 과정에서 기존 직원들의 협조를 얻을 수 없습니다.

마찬가지로 영입할 간부에게도 미리 준비할 수 있는 충분한 정보를 제공해야 합니다. 새로운 기업에서 맡아야 할 역할과 책임이 정확히 무엇인지, 또 기업의 내부 상황과 기업 문화조차 전혀 모른 채 입사하는 사람들도 있습니다. 이들은 "사전에 미리 알았다면 접근 방식을 달리했을 것"이라며 뒤늦게 아쉬움을 표시하기도 합니다.

둘째, 영입의 목적이나 목표에 걸맞은 적임자를 선택해야 합니다. 영입이 실패로 끝나는 가장 큰 원인은 적임자가 아니기 때문입니다. 영입 실패율이 높은 기업들은 대체로 영입의 목적이나 목표가 분명하지 않은 경우가 많습니다. 심지어 막연하게 좋은 사람이라고 일단 채용한 다음 역할이나 직무는 나중에 고민해보자는 식으로 의사 결정을 하는 경우도 있습니다.

이와 같은 영입은 '이식성'의 중요성을 간과하는 것입니다. 옮겨 심은 식물이 뿌리를 내리고 살아남는 성질이나 성향을 이식성이라고 합니다. 식물은 토양의 질과 수분, 온도, 날씨 등에 따라 이식성이 달라집니다. 새로운 회사에 들어가서 안착할 가능성도 이식성에 비유할 수 있습니다. 기업 문화와 업무 경험, 인간관계 등에 따라 이 식성이 크게 달라집니다. 아무리 뛰어난 능력과 풍부한 경험을 갖고 있어도 이식성이 약한 사람은 적응하기가 쉽지 않습니다.

　예를 들어 전문성을 갖춘 사람은 이식성이 강한 반면 관계성이 강한 사람은 이식성이 약합니다. 이 때문에 최고재무책임자(CFO)는 이직에 성공할 가능성이 크지만, 조직의 관계에 얽혀 있는 최고운영책임자(COO)는 이직에 실패할 가능성이 더 큽니다. 다양한 직무 수행 경험과 이직 경험이 있는 사람은 그렇지 않은 사람에 비해 이식성이 강합니다. 나이 든 사람은 젊은 사람에 비해 이식성이 떨어집니다. 특히 나이 많은 고위직 남성의 경우 이직에 실패할 확률이 매우 높습니다.

간섭하지 말고 지원하라

● ● ● ● ● ●

　새로운 인재가 조직에 적응해서 성과를 내려면 무엇보다 기업 차원에서 시간을 두고 적극적으로 지원해야 합니다. 경영자들은 유능하다고 평가한 인재가 일단 입사하고 나면 그다음부터는 본인에게 맡겨버립니다. 유능한 사람이라면 충분히 헤쳐 나갈 수 있다고 생각하는 것입니다. 또는 자칫 간섭한다는 인상을 주지 않으려는 나름의 배려일 수도 있습니다.

특히 경영자들은 특별히 영입한 간부급 인재가 빠른 성과를 내기를 바랍니다. 업무 역량이 뛰어나고 이전 직장에서도 좋은 성과를 낸 만큼 기대가 큰 것입니다. 그러나 아무리 역량이 뛰어나고 경험이 풍부한 사람도 낯선 환경에서 적응할 시간이 필요합니다. 직무와 조직을 이해하고 직원들의 마음을 얻어야 하기 때문입니다.

아무리 튼튼한 나무도 옮겨 심으면 뿌리를 내릴 때까지는 잎이 다 떨어지고 한동안 열매를 맺지 못합니다. 다시 잎이 무성해지고 이전처럼 열매를 맺기까지 꽤 오랜 시간이 걸립니다. 따라서 경험이 많고 역량이 뛰어난 임원도 수많은 난관을 극복하고 성과를 내려면 충분한 시간과 함께 여건을 만들어줘야 합니다.

이 때문에 글로벌 기업의 경우 고위간부를 새로 영입하면 전담 지원팀을 두하기도 합니다. 어떤 기업은 최고경영자가 영입한 임원들을 정기적으로 만나 적응 과정에서의 문제점을 해결해줍니다. 영입한 임원들이 겪고 있는 갈등을 해소하기 위해 직접 나서서 그를 믿고 지원한다는 사실을 회사 안팎에 알려 힘을 실어주기도 합니다.

회사가 지속 성장을 하려면 회사의 눈과 귀를 열어줄 우수한 임원급 핵심인재가 계속 합류해야 합니다. 하지만 우수한 임원급 인재라도 옮겨 심은 나무처럼 적응할 수 있는 환경이 갖춰지지 않으면 뿌리를 내리지 못한 채 고사할 수 있습니다. 설령 간신히 뿌리를 내렸다 하더라도 잎이 다 떨어져 볼품없는 나무가 될 수도 있습니다. 따라서 고위간부를 영입하려면 큰 나무를 옮겨 심는 것처럼 새로운 환경에 성공적으로 적응할 수 있도록 철저한 관리를 해주어야 합니다.

짐 콜린스부터 잭 웰치까지
경영 구루가 강조한 단 한 가지

실리콘밸리에서도 통하는 조조의 인재관리 4가지 원칙

● ● ● ● ● ● ●

중국 역사에서 인재 등용과 용인술에 가장 탁월한 인물을 꼽으라고 한다면 단연 삼국시대 위나라를 세운 조조일 것입니다. 삼국시대에 위·촉·오 세 나라의 패권 다툼은 그야말로 인재전쟁이었습니다. 사람들은 제갈량과 관우, 장비, 조자룡 등 걸출한 지략가와 장수들을 거느린 유비가 승자라고 생각합니다. 하지만 삼국시대 인재전쟁의 승자는 누가 뭐래도 조조였습니다. 유비 휘하의 인재들은 의형제를 맺을 정도로 유대 관계는 강했으나 그 수가 많지 않았습니다. 그에 반해 조조 휘하에는 탁월한 전략가와 독자적으로 작전을 펼칠 수 있는 명장들이 수십 명에 달했습니다. 조조는 생전에 삼국 통일을 이루지 못했지만 그의 후계자 사마의가 중원을 통일하는 대업을 이루는 데 탄탄한 기반을 마련했습니다. 조조가 촉나라의 유비나 오나라의 손권보다 인재 확보에서 탁월한 성과를 거둔 결과입니다. 그렇다면 조조는 어떻게 해서 수많은 인재들을 확보할 수 있었을까요?

조조의 인재관리 원칙은 4가지로 정리할 수 있습니다.

첫째, 모든 문제에서 인재를 최우선으로 생각하라는 것입니다. 한마디로 '인재 제일주의'입니다. 조조는 천하의 인재를 찾아내 등용하는 것이 패권을 쥐는 지름길이라고 믿었습니다. 그래서 정치는 물론 전투에서도 늘 사람들에게 관심을 기울였습니다.

수단과 방법을 가리지 않을 만큼 인재 확보에 집착한 조조는 전쟁이 끝나면 패전국의 인재를 자기 사람으로 만들기 위해 애를 썼습니다. 다른 사람의 재물은 탐하지 않았지만 다른 사람의 인재는 그냥 지나치지 않을 정도로 '인재 수집벽'이 심했습니다. 이 같은 집념 덕분에 조조는 수많은 인재를 곁에 둘 수 있었습니다.

조조는 적장이라도 언젠가는 자신의 사람으로 만들려고 했습니다. 여포 휘하의 장수였던 장료, 원소를 섬기던 장합, 책사 가후는 모두 적장이었지만 결국 조조 밑에 들어와 맹활약을 펼쳤습니다. 조조는 전투하던 중 상대편 군 관리였던 서황의 뛰어난 실력을 간파하고 자기 사람으로 만들기 위해 전투를 멈추고 작전회의를 열기도 했습니다. 그렇게 공을 들여 영입한 서황은 조조의 군대를 이끌고 황건적을 토벌했고, 오나라의 주유를 상대로 싸워 승리를 거뒀습니다.

둘째, 인재를 등용할 때는 오로지 업무 역량만 보라는 것입니다. 한마디로 '능력 제일주의'입니다. 유비나 손권이 가문이나 과거 행적을 눈여겨봤다면 조조는 오직 그 사람의 능력만을 보고 등용했습니다. 조조가 인재를 구하기 위해 발표한 구현령에는 이렇게 적혀 있었습니다.

"털어서 먼지 안 나는 사람이 어디 있겠는가. 천민 출신이나 적이라고 해도 상관없다. 평판이 좋지 않고 사람들에게 비웃음을 당하는 행동을 했어도 괜찮다. 인자하지 않고 불효해도 좋고, 청렴하거나 결백하지 못해도 좋다. 오직 치국용병의 역량만 있다면 반드시 천거하라."

이처럼 조조는 출신이 비천하고 부도덕한 언행을 일삼는 인물, 심지어 범죄를 저지른 사람이라도 재주만 뛰어나다면 기꺼이 받아들였습니다. 그러나 사람들의 칭송이 자자할 정도로 덕행이 뛰어난 인물이라도 실력이 없으면 절대 등용하지 않았습니다. 일반적으로 왕은 자신보다 뛰어난 사람을 경계하게 마련인데, 조조는 평생 자신보다 더 뛰어난 사람을 찾아다녔습니다.

조조 휘하에는 흠결이 있는 장수들이 적지 않았지만 그들은 조조를 위해 모든 것을 바쳤습니다. 조조라는 유능한 리더가 유능한 인재들을 끌어들인 덕분에 위나라에는 인재들이 모여들었고 막강한 인재 집단이 구축됐습니다.

셋째, 모든 능력을 두루 갖추기보다 한 가지 특출난 재능을 가진 사람들을 등용하라는 것입니다. 오늘날로 말하면 '전문가 집단'을 준비한 것입니다. 조조는 자신이 모든 분야의 전문가가 될 수 없다는 사실을 잘 알고 있었습니다. 그래서 각 분야의 전문가를 등용해 업무를 일임했습니다. 사람은 누구나 장단점을 가지고 있게 마련이고, 단점을 보면 장점을 사기 어렵습니다. 따라서 장점을 사려면 단점을 감수해야 합니다.

조조는 오직 그 사람의 장점만을 보고 등용했습니다. 둔전법으로 군량을 해결한 모개, 인재 등용에 실력을 발휘한 순욱, 군사 분야에서 뛰어난 책사 역할을 했던 가후, 실전 능력이 뛰어난 하후돈과 하후연 등이 모두 한 분야에서 특출 난 역량을 가진 인물들이었습니다. 조조는 이러한 전문가 집단을 통해 자신이 없어도 조직이 가동되는 현대적인 시스템을 구축한 것입니다.

넷째, 일단 채용하면 역량을 발휘하도록 지원하고, 성과에 따라 철저한 평가와 보상을 하라는 것입니다. 한마디로 '철저한 성과주의' 인력 운용입니다. 조조는 유능한 인재를 어떻게 영입할 것인가 못지않게 발굴한 인재를 어떻게 활용할 것인가를 늘 고민했습니다. 그는 자신이 발탁한 인재를 철저히 신뢰하고 중책을 맡겼습니다. 조조를 찾아온 인재들은 그의 신뢰와 지원에 힘입어 갈고닦은 기량을 마음껏 펼쳤습니다. 조조가 이룬 수많은 대업은 사실상 조조가 발굴하고 지원한 인재들의 작품이었습니다.

조조는 또 전투가 끝나면 공적에 따라 포상했는데, 포상 효과를 극대화하기 위해 당사자가 원하는 것을 주었습니다. 재물을 원하는 사람에게는 재물을, 명예를 원하는 이에게는 명예를 주었습니다. 또한 전투에서 죽은 군인의 가족들에게는 농지를 주어 생계를 꾸려나 갈 수 있도록 배려했습니다.

일단 확보하라, 어디에 쓸지는 나중에 생각하라

● ● ● ● ● ●

　시대는 달라졌지만 사람을 얻고 쓰는 것은 여전히 조직 운영에서 가장 중요한 문제입니다. 미국 스탠퍼드 대학교 경영대학원의 짐 콜린스(Jim Collins) 교수는 초우량기업을 키워내고 싶다면 인재 확보를 경영의 최우선 과제로 삼아야 한다고 강조합니다. 그는 자신의 책 『좋은 기업을 넘어 위대한 기업으로(Good to Great)』에서 회사를 키우려면 무조건 능력과 패기 넘치는 사람을 모으라고 주장했습니다. 어디에 쓸 것인지는 나중에 생각하고 조직에 기여할 가능성이 크다면 일단 영입해야 한다는 것입니다. 그렇게 인재에 투자하면 성과는 따라온다는 것이지요.

　이러한 관점에서 짐 콜린스는 위대한 기업을 만드는 최고경영자의 핵심 능력으로 인재 확보 능력을 꼽았습니다.

　"어떤 분야든 위대한 회사를 만드는 사람은 성장의 궁극적인 동력이 시장도, 기술도, 경쟁도, 상품도 아님을 이해한다. 다른 모든 것 위에 한 가지가 있다. 그것은 적합한 사람들을 충분히 확보하고 붙들어두는 능력이다."

20년간 CEO에 재직하는 동안 GE 시스템을 구축한 잭 웰치(Jack Welch) 역시 자기 시간의 75퍼센트를 인재 확보에 사용할 정도였습니다. 글로벌 기업들은 대부분 전담 부서를 만들어 인재를 발굴하고 있습니다. 우리나라의 일부 대기업도 CEO 평가 항목에 '핵심인재 확보'를 넣을 정도로 기업 경영에서 인재의 중요성이 커지고 있습니다.

인재경영을 통해 경쟁력을 확보한 대표적인 기업으로 IBM을 들 수 있습니다. 컴퓨터·정보기기 제조업 분야의 선두 기업이었던 IBM은 급변하는 트렌드를 읽지 못하고 경쟁사에 컴퓨터 시장을 내주고 말았습니다. 주가가 추락하는 위기 상황에서 IBM은 미래 성장 가치를 찾기 위해 과감한 변화와 혁신을 단행했습니다. 핵심 사업인 PC 사업 부문을 중국에 매각할 정도로 강력한 혁신에 나선 IBM은 하드웨어 사업에서 세계 최대의 IT 솔루션 서비스 기업으로 탈바꿈했습니다.

IBM은 우수한 인재들이야말로 기업의 수익을 증진하는 데 필수적이라고 판단했습니다. 따라서 탁월한 인재들을 발굴하고 철저한 검증을 거쳐 체계적으로 육성하는 제도를 마련했습니다. 기업 차원에서 인재를 끊임없이 수급할 수 있는 시스템을 만든 것입니다. 이것은 인재관리 제도를 통해 탁월한 리더를 지속적으로 충원하고, 이러한 리더들이 발탁하고 육성한 우수한 인재가 적재적소에서 능력을 발휘하는 선순환 구조로 발전했습니다.

기업에서 사업의 변화와 확대를 꾀할 때 어김없이 봉착하는 문제가 바로 어떤 인재를 어떻게 구하는가, 그리고 어떤 조건으로 어떻게 활용하는가 하는 것입니다. 사업 환경은 언제 어떻게 변화할지 모릅니다. 따라서 그때를 대비해 인재 확보와 관리는 상시적인 경영 전략으로 삼아야 합니다.

인재를 경영의 최우선으로 삼는 것, 오직 실력만으로 인재를 선발하고 영입하는 것, 한 가지 분야에서 출중한 능력자를 등용하는 것, 역량을 펼칠 수 있도록 지원하고 성과에 따른 보상으로 인재를 관리하는 것으로 대별되는 조조의 인재관리 4가지 원칙은 IBM을 비롯해 선도적인 기업의 인재관리 제도와 크게 다르지 않습니다. 사람에 관한 법칙은 동서고금을 초월하기 때문입니다. 기업들이 조조의 4가지 원칙을 철저히 지켜서 인재경영을 펼친다면 급변하는 비즈니스 상황에서 적절한 인재를 구하지 못해 경쟁에서 뒤처지는 일은 없을 것입니다.

하이얼, 샤오미, 알리바바의 공통점

젊은 인재들이 떠나는 진짜 이유

● ● ● ● ● ●

"개인보다 공동체를 우선시하고 연공서열을 중시하는 문화가 기업 경쟁력의 걸림돌로 작용할 것입니다. 서열 위주의 사고방식은 자유로운 의사소통을 방해합니다. 의사소통이 되지 않으면 급변하는 환경에 신속히 대응할 수 없고, 이렇게 되면 젊은 인재들이 회사를 떠나게 되므로 기업은 미래를 준비할 수 없습니다."

뉴욕 대학교 스턴비즈니스스쿨의 교수이자 저널리스트이며, 경영자들의 필독서 『10년 후 미래(Outrageous Fortunes)』의 저자 대니얼 앨트먼(Daniel Altman)이 국내의 한 일간지와 인터뷰에서 한 말입니다.

연공서열은 유교문화의 산물입니다. 윗사람에 대한 공경과 공동체 의식, '나이에 따라 차례가 있고 어린 사람은 더 나이 많은 사람의 말을 따라야 한다'는 장유유서(長幼有序) 정신이 조직에 뿌리내려 제도화된 것이 바로 연공서열입니다. 연장자를 존중하는 관습에 따라 근무 연한이 쌓일수록 연봉이 오르고 승진하는 연공서열 시스템은 자연스럽게 성별, 출신 학교, 지역 연고 중심의 인사 관행으로 이어져 많은 폐단을 낳고 있습니다.

연공서열은 글로벌 인재경영의 핵심인 능력주의나 성과주의와 대척점에 있습니다. 그만큼 창의성과 혁신에 대한 동기부여를 어렵게 만드는 요인으로 작용합니다. 이런 이유로 기업의 경쟁력을 높이려면 연공서열 시스템을 하루빨리 개선해야 합니다. 그런데 현재 우리나라의 기업은 연공서열 문화를 얼마나 탈피했을까요?

젊은 팀장, 올드보이 팀원

● ● ● ● ● ●

글로벌 컨설팅 회사의 한 컨설턴트는 "일본을 비롯한 아시아 지역의 기업들이 대체로 연공서열을 중시하지만 한국 기업들이 유독 연공서열에 얽매여 있는 것 같다"며 놀라워했습니다. 그가 컨설팅을 진행했던 한 대기업이 능력과 성과보다는 나이와 근속 연수를 기준으로 인사를 실시하는 것을 지켜봤기 때문입니다.

한국 기업이 연공서열 시스템을 중시한다는 점은 한국경영자총협회의 '임금 연공성에 관한 국제 비교 조사 결과'에서도 여실히 나타납니다. 한국 기업의 경우 20~30년 장기근속자의 임금 수준은 신입사원의 3.1배로, 유럽(1.1~1.9배)과 일본(2.4배)보다 훨씬 높은 것은 물론 OECD(경제협력개발기구) 회원국 가운데 가장 높았습니다.

현재 일본 기업에서는 연공서열식 급여 체계가 성과 중심 체계로 빠르게 전환되고 있습니다. 연공서열 시스템이 존재하는 한 글로벌 인재들이 적응하기 힘들고, 주요 임원들의 나이가 많을수록 조직의 혁신이 어려워 장기적으로 경쟁력이 떨어지기 때문입니다. 이렇게 본고장이라고 할 수 있는 일본에서조차 연공서열이 빠르게 자취를 감추고 있습니다. 그러나 우리나라에서는 대기업을 중심으로 연공서열이 여전히 남아 강력한 영향력을 행사하고 있습니다.

한국 사회에서 1990년대 말 외환위기 이후로 종신고용 관행은 사라졌지만, 연공서열식 임금 체계와 인사 제도는 여전히 존재하고 있습니다. 경영진들은 종종 회사의 수준을 한 단계 높일 수 있는 인재를 발견해도 이들의 직책과 직급 문제로 채용을 망설입니다. 직급이 올라갈수록 나이가 많은 연공서열형 조직에서는 새로 영입하는 사람들에게 책임자 자리를 맡기기 어렵기 때문입니다. 이들은 업무 역량과 기대하는 역할, 그리고 현재의 직책을 감안하면 부서의 책임자로 배치하는 것이 당연합니다. 하지만 경영진들은 기존 직원들이 자신들보다 나이가 어린 사람들을 부서의 책임자로 영입하는 것에 대해 반발하지나 않을까 우려합니다.

그동안 연공서열 시스템은 직원들의 고용 불안을 줄여줌으로써 조직의 충성도를 강화하고 유지하는 장점이 있다고 여겼습니다. 연공서열 시스템이 작동하는 조직에서는 직원들이 지금 당장은 힘들어도 10~20년 뒤에는 연봉이 오르고 직급도 높아지기 때문에 '미래의 즐거움을 위해 지금 기꺼이 땀을 흘린다'고 생각한다는 것입니다.

인구가 계속 늘어나고 빠른 경제 성장 속에서 사업을 계속 확장해 나갈 때는 연공서열 시스템이 크게 문제가 되지 않았습니다. 그러나 지금은 연공서열의 기반 자체가 사라지고 있습니다. 인구 증가는 멈췄고 경제성장은 정체되거나 심지어 후퇴하고 있습니다. 아무리 탄탄한 사업구조를 보유하고 있는 대기업도 10년 뒤까지 존속하리라는 보장이 없습니다. 기업은 물론 사회 전체의 불확실성이 커졌고 변화도 너무 빠르게 진행되고 있습니다. 이에 따라 평생직장 개념이 사라지면서 과거처럼 지금 다니고 있는 직장에서 정년을 기약할 수 없게 됐습니다.

하이얼, 장루이민의 조직 파괴

● ● ● ● ● ●

연공서열 시스템의 가장 큰 문제점은 인재 확보를 가로막는다는 것입니다. 젊은이들은 회사가 미래를 보장해주지 않는 상황에서 현재의 근무 조건과 자신이 원하는 업무를 중심으로 회사를 선택합니다. 이런 이유로 젊은 직원들은 벤처기업을 선호하고, 대기업에 입사하더라도 퇴사가 늘어나는 추세입니다. 신입사원은 연봉이 적은데다 최소 근무 연한을 채우지 않으면 승진할 수 없는 연공서열 시스템에서는 능력을 발휘하고 싶은 의욕을 상실하기 때문입니다.

일반적으로 글로벌 기업들이 임원으로 가장 선호하는 연령대는 젊고 패기 넘치는 35~44세입니다. 그러나 한국의 대기업에서 35~44세는 대부분 과장과 차장입니다. 최근 승진 연령대가 낮아지고 있긴 하지만 대기업에서 임원이 되는 나이는 최소한 40대 중반, 일반적으로 50대 이후입니다. 이러한 직급 체계에서는 직원들의 잠재 역량이 조기에 발휘될 수 없습니다.

글로벌 기업들이 인재를 등용할 때 중요한 평가 기준으로 삼는 것 중 하나가 경영인으로서 잠재 역량입니다. 그런데 나이와 근속 연수에 가로막혀 직원들의 잠재 역량이 일찍 발휘되지 못한다면 기업의 성장은 그만큼 더딜 수밖에 없습니다. 그런 점에서 연공서열 중심의 인사관리는 기업의 성장에 장애물이 됩니다.

연공서열의 또 다른 문제점은 필연적으로 피라미드식 계층구조와 상명하복식 업무 방식으로 이어진다는 것입니다. 이러한 경직된 조직구조에서는 창의성을 발휘하고 자발적으로 일하는 분위기가 형성될 수 없습니다.

최근 10년 동안 글로벌 기업으로 성장한 중국의 하이얼(海尔, Haier Group), 샤오미, 알리바바의 공통점은 경직된 관료주의를 철저히 탈피한 것입니다. 특히 작은 냉장고 공장에서 세계 1위 가전 기업으로 거듭난 하이얼의 성장 요인 중 하나는 바로 위계질서를 없애고 수평적인 조직을 만든 것입니다.

하이얼이 창립한 지 30년 만에 글로벌 기업으로 성장한 배경에는 창립자이자 회장인 장루이민(張瑞敏)의 끊임없는 조직 혁신이 있었습니다. 그는 먼저 중간관리자를 없애고 거대한 피라미드 조직을 소그룹으로 나눠 고객을 직접 응대하는 현장 중심 시스템으로 바꿨습니다.

조직이 수평적인 구조로 바뀌자 성과 보상 체계도 바뀌었습니다. '많이 일한 사람은 많이 받고, 적게 일한 사람은 적게 받으며, 일하지 않은 사람은 받지 못한다'는 원칙대로 나이와 직급에 상관없이 성과에 따라 보상을 받도록 한 것입니다. 이렇게 피라미드식 조직구조와 연공서열식 보상 체계를 없애자 직원들의 동기부여가 강해졌고 실제로 성과도 눈에 띄게 증가했습니다.

스타트업의 조직문화를 도입하라

● ● ● ● ● ●

세계적인 경영 전문가들은 한결같이 한국에 대해 "잠재력만큼 성장하지 못하고 있다"고 평가합니다. 그리고 그 원인으로 꼽은 것이 수직적인 연공서열식 조직구조입니다. 그러나 이제는 우리나라 대기업도 글로벌 기준에 맞춰 가시적인 변화를 시도하기 시작했습니다.

삼성전자는 글로벌 기업으로 도약하기 위해 스타트업의 수평적이고 자발적인 조직문화를 도입했습니다. 먼저 대리, 과장, 부장 등의 직급을 없애고, 직원들이 서로 '○○님'이라는 호칭을 사용하도록 했습니다. 연공서열에 따른 경직된 조직구조와 상명하복식의 관료주의 기업 문화에서 벗어나기 위한 시도인 것입니다.

직급이 사라지면 연차에 상관없이 후배가 선배보다 더 빨리 팀장이 될 수 있습니다. 더불어 성과에 따른 연봉제를 활성화하면 성과가 부진한 선배는 후배보다 더 적은 연봉을 받을 수도 있습니다. 이것은 내부 구성원의 역량을 끌어올릴 뿐만 아니라 글로벌 인재를 끌어들일 수 있는 기업 문화를 만들기 위한 것입니다.

이렇게 한국에서도 조직문화를 수평적이고 자발적으로 바꾸는 기업들이 빠르게 늘어나고 있습니다. 기업들이 연공서열 문화로 인한 폐해를 없애고 싶어 할 뿐 아니라 세계시장에 진출해서 세계인들과 호흡하려면 연공서열 문화를 탈피하는 것이 불가피하다는 것을 체감하고 있기 때문입니다.

글로벌 컨설팅 기업 맥킨지의 전 회장 도미니크 바튼은 "인재를 적재적소에 배치하는 능력이 기업의 성패를 가르게 될 것"이라면서 "진취적인 인재를 원한다면 연공서열 파괴에 따른 내부의 반발을 무릅써야 한다"고 강조했습니다.

인재 유출을 막으려면 나이나 근속 연수와 상관없이 개인의 역량을 발휘할 수 있는 시스템이 시급하게 구축돼야 합니다. 경직된 조

직문화를 혁신하지 못하고 인재가 들어오기는커녕 빠져나가기만
한다면 기업이 경쟁력을 잃는 것은 시간문제입니다.

최고와 평균의 격차 1,200퍼센트, 최고의 기업을 만드는 전략

최고의 리더는 왜 인재에 집중할까

● ● ● ● ● ● ●

"천 명의 군사는 쉽게 얻을 수 있지만 한 명의 뛰어난 장군은 얻기 힘들고, 한 가지 재주에 능한 천 명의 평범한 인재는 쉽게 얻을 수 있지만 온갖 재주를 두루 겸비한 비범한 인재는 얻기 힘들다"는 옛말이 있습니다.

중국의 역사서 『삼국지』에는 걸출한 인물들이 많이 등장합니다. 그런데 그 인물들 곁에는 항상 핵심 조력자가 있었죠. 유비는 제갈공명을 얻고 나서야 세상을 도모할 수 있었고, 조조는 순욱의 도움으로 북방을 통일할 수 있었습니다. 또 손권은 노숙을 곁에 두고서야 강동을 차지할 수 있었습니다.

중국 후한이 멸망한 후 60년간 위·촉·오 세 나라가 서로 패권을 다툰 삼국시대는 그야말로 인재들의 각축장이었습니다. 위의 조조, 촉의 유비, 오의 손권이 서로 힘의 균형을 유지하면서 수십 년간 각축을 벌일 수 있었던 것은 지략이 뛰어난 책사와 장수들이 세 나라에 골고루 포진되어 있었기 때문입니다. 카리스마가 넘치고 체계적인 시스템으로 국정을 운영했던 조조, 부드럽고 온화한 성품에 덕치경영을 펼쳤던 유비, 유연한 사고로 실리주의를 표방한 손권. 세 사람은 서로 다른 성향을 가졌고 국정과 인재경영 방식은 달랐지만 인재를 중시했다는 공통점이 있습니다.

조조는 인재를 알아보는 안목이 뛰어났을 뿐 아니라 적재적소에 배치해 최대한의 역량을 발휘하게 하는 능력이 탁월했습니다. 숨은 인재를 발굴하고 이들을 관리하는 능력도 뛰어나 수많은 인재들이 조조 휘하에 모여들었습니다. 그중 순욱은 20년간 책사로 조조 곁에 머물면서 책략을 꾸미고 많은 인재를 끌어왔습니다. 조조는 모든 일을 순욱과 상의했고, 그 덕분에 중원의 맹주가 될 수 있었습니다.

손권은 조조와 유비에 비해 부족한 점이 많았지만 출신과 배경보다 능력 위주로 인재를 발탁했습니다. 그리고 그 인재가 자신의 장점을 최대한 발휘하게 했습니다. 손권은 공신 세력이 나이 어린 선비 출신이라며 반대하는 것을 물리치고 노숙을 중용해 측근으로 두고 전략을 논했습니다. 노숙은 적벽대전에서 촉의 제갈량과 협력해 위나라를 상대로 승리함으로써 세 나라 중에 가장 열세였던 오나라가 강소국이 되는 데 큰 공을 세웠습니다.

유비의 곁에는 단연 최고의 책략가 제갈량이 있었습니다. 유비가 제갈량을 얻기 위해 그의 '초가집을 세 번이나 찾아갔다'는 데서 유래한 '삼고초려(三顧草廬)'는 인재를 얻기 위한 노력의 중요성을 잘 보여줍니다. 유비는 필요한 인재를 얻기 위해 자신을 낮추며 인내심을 가지고 노력했습니다. 마침내 제갈량을 얻고 난 후 유비는 이를 '수어지교(水魚之交)', 즉 '물고기가 물을 만난 것'에 비유했습니다. 재산이나 세력이 많지 않았던 유비는 제갈량을 영입함으로써 비로소 전략을 갖추고 천하를 경영할 수 있었습니다.

조조, 유비, 손권은 이렇게 저마다 다른 리더십과 인재경영을 펼치면서 패권을 다퉜습니다. 그리고 세 사람 모두 각자의 안목으로 자신들의 상황에 맞는 최고의 인재를 맞아들여 기량을 한껏 펼치게 함으로써 전쟁에서 승리할 수 있었습니다.

성공적인 올스타팀의 성과 차이

● ● ● ● ● ●

글로벌 인사관리 컨설팅 기업인 이곤젠더 인터내셔널(Egon Zehnder International)의 선임자문관 클라우디오 페르난데즈 아라오즈(Claudio Fernandez-Araoz)는 자신의 책『어떻게 최고의 인재를 얻는가(It's Not The How or The What but The Who)』에서 기업이 최고 수준의 인재를 찾아 나설 수밖에 없는 이유를 설명하고 있습니다. 그는 1990년대에 실시했던 조사에서 업무 난이도가 증가할수록 최고와 나머지 사이의 생산성 격차가 기하급수적으로 커지는 것으로 나타났다고 밝혔습니다. 당시 조사에 따르면 생산직처럼 단순하고 반복적인 업무에서 '스타 근로자'는 '일반 근로자'보다 생산성이 40퍼센트가량 높았습니다. 그런데 최고 수준의 보험설계사는 평범한 보험설계사보다 보험 판매액이 240퍼센트 더 많았고, 뛰어난 소프트웨어 개발자와 컨설턴트는 평범한 수준의 개발자와 컨설턴트에 비해 생산성이 1,200퍼센트나 앞서 있었습니다.

경영 컨설팅 회사 베인 앤 컴퍼니(Bain & Company)의 마이클 맨킨스(Michael Mankins), 앨런 버드(Alan Bird), 제임스 루트(James Root)가 조사한 결과에서도 최고와 나머지 사이의 생산성 격차가 상상 이상으로 크다는 사실이 밝혀졌습니다. 이들이 「하버드 비즈니스 리뷰」에 기고한 논문 '성공적인 올스타팀 만들기(Making Star Teams out of Star Players)'에 따르면 애플의 가장 뛰어난 소프트웨어 개발자는 다른 기술 회사의 평범한 소프트웨어 개발자보다 생산성이 9배나 높았습니다. 라스베이거스의 시저스 팰리스 호텔 & 카지노에서 일하는 최고의 블랙잭 딜러의 게임 진행 시간은 다른 카지노의 평균적인 딜러보다 5배 이상 길었습니다. 미국의 백화점 노드스트롬의 최고 판매사원은 다른 백화점의 보통 판매사원보다 판매액이 8배 이상 많았습니다. 또 일류 병원에서 일하는 최고 수준의 이식 전문 의과의의 수술 성공률은 보통의 의사들보다 6배 이상 높았습니다.

이렇듯 모든 직업이나 직무에서 최고와 나머지의 격차는 갈수록 커지고 있습니다. 이것은 곧 기업들이 평범한 성과를 내는 직원만으로는 성장과 발전을 기대하기 어렵다는 것을 시사하고 있습니다. 달리 말하면 탁월한 직원을 보유하지 못하는 기업은 경쟁에서 뒤처질 수밖에 없고, 탁월한 역량을 가진 직원들을 많이 보유할수록 성장 가능성이 높다는 것입니다.

상위 1퍼센트를 끌어들이기 위해

• • • • • •

세계적인 기업들은 이른바 스타급 인재를 확보하기 위해 치열한 경쟁을 벌이고 있습니다. 애플, 테슬라, 구글, 마이크로소프트(MS), 아마존, 넷플릭스 같은 글로벌 기업들은 인재를 끌어들이기 위해 총성 없는 전쟁을 벌이고 있습니다. 테슬라는 공공연하게 수백 명의 애플 직원을 영입했고, 애플은 테슬라의 엔지니어링 총괄부사장을 영입했습니다. 구글은 인재를 얻기 위해 거액의 자금을 투자해 회사를 통째로 인수했습니다.

이렇게 세계 최고의 기업들은 더 큰 성장을 위해 상위 1퍼센트의 인재를 영입하고 있습니다. 이들은 탁월한 인재를 모아 탁월한 기술을 개발하고, 그 기술로 차별화된 제품과 서비스를 제공해 다른 기업과의 격차를 벌려나가고 있습니다. 이제 최고 수준의 인재를 영입하는 전략은 더 이상 망설일 수 없는 세계적인 흐름입니다.

하지만 최고 수준의 인재를 얻기 위해서는 감수해야 할 것들이 많습니다. 기업들이 가장 우려하는 것은 팀플레이입니다. 회사가 큰 기대를 갖고 영입한 사람이 조직에 적응하지 못하고 떠나는 사례가 적지 않습니다. 물론 원래 능력은 뛰어나지만 조직과 맞지 않는 사람도 있습니다. 그러나 스타플레이어들을 조직에 잘 적응시키는 방법은 분명 있습니다. 그렇다면 어떻게 해야 최고 수준의 인재가 조직에 적응하고 팀플레이를 통해 탁월한 성과를 낼 수 있을까요?

가장 중요한 것은 최고 수준의 인재는 보통의 직원들과 다르게 대해야 한다는 점입니다. 이들에게 동기부여를 하는 방법 또한 달라야 합니다. 최고 수준의 인재는 대부분 스스로 동기부여를 하고 최선의 성과를 냅니다. 따라서 조직이 그들에게 무엇을 기대하는지를 명확하게 알려주는 것만으로도 역량을 발휘할 수 있습니다.

최고의 사람들을 찾아 나선 스티브 잡스

● ● ● ● ● ●

최고의 인재를 통해 기업을 키운 대표적인 경영자가 바로 애플의 창업자 스티브 잡스입니다. 잡스의 기본 경영전략은 세계 최고의 인재를 모아서 그들이 일에 미치게 만드는 것이었습니다. 그는 창업 초기부터 해당 분야에서 가장 창의적인 사람들을 끌어모았고, 그들이 역량을 최대한 발휘할 수 있도록 소규모 조직 중심으로 회사를 운영했습니다. 또한 잡스는 파격적인 스톡옵션을 제공해 헌신을 독려했고, 그들 스스로 최고라는 자부심을 가질 수 있도록 칭찬과 격려를 퍼부었습니다. 그러는 한편 수준이 떨어지는 직원들은 가차 없이 내보냈습니다. 잡스는 애플의 경영전략을 다음과 같이 설명했습니다.

"내가 해야 할 일은 나와 함께 일하는 직원들의 질적 수준을 높이는 것이었습니다. 이를 위해 A급 선수만 보유한다는 인재경영 전략을 지키고자 노력했습니다. 이것이야말로 회사를 위해 내가 할 수 있는 일이었습니다. 나는 특히 세계 최고의 사람들을 찾기 위해 노력했고, 그 대가를 얻었습니다."

세계적인 기업의 공통점은 최고 수준의 인재를 끊임없이 빨아들이는 인재의 블랙홀이라는 것입니다. 이들은 최고 수준의 인재와 평범한 사람의 성과 차이가 기업의 운명을 좌우할 정도로 크다는 것을 잘 알고 있습니다. 따라서 이들은 많은 비용과 부작용을 기꺼이 감수하면서 인재를 영입하고자 합니다.

평범한 직원, 평범한 임원, 평범한 경영자는 보통 수준의 기업을 만들 뿐입니다. 그러나 최고 수준의 인재는 결코 평범한 성과에 만족하지 않습니다. 수많은 보통의 기업들이 어떤 사업을 어떻게 해야 할지를 고민하지만 별다른 대안을 찾지 못합니다. 그러나 최고의 기업은 '무엇을' '어떻게' 해야 할지 생각하기 전에 최고의 인재를 영입하려고 합니다. 최고의 인재는 회사의 지속 성장을 위해 '무엇을'

'어떻게' 해야 할지를 스스로 찾아내기 때문입니다.

따라서 회사를 최고의 인재로 채우는 것이야말로 탁월한 실적과 성취를 이루는 비결이라는 것을 잘 알고 있는 경영자만이 최고의 기업을 일굴 수 있습니다.

CEO가 CFO보다
이직이 어려운 이유

시스템을 이식할 사람을 뽑아라

● ● ● ● ● ● ●

오랫동안 사업을 영위해온 중소기업은 변화하는 기업 환경에서 회사를 한 단계 더 발전시킬 리더급 인재를 찾게 됩니다. 한창 급성장하는 벤처기업도 지속적인 수익 구조를 만들고 체계적인 시스템을 정비할 수 있는 리더의 필요성을 느끼게 되죠. 이럴 때 중소기업 경영자들은 전문적인 기술과 지식, 풍부한 사업 경험, 미래를 내다볼 수 있는 안목을 갖춘 대기업 출신 임원들을 영입하는 문제를 고민하게 됩니다. 시스템과 정보력, 수익을 낼 수 있는 인프라 등에서 앞선 선발 대기업의 노하우를 자신의 회사에 이식하려고 하는 것입니다.

실제로 대기업 출신의 고위직 임원이 신생 벤처기업에 들어가서 성공한 사례가 있습니다. 바로 구글의 전 회장 에릭 슈미트(Eric Schmidt)입니다. 한때 마이크로소프트와 경쟁하던 노벨과 선마이크로시스템즈 등 20년 동안 내로라하는 대기업에서 이사와 CEO로 활동하던 에릭 슈미트는 2001년 창업한 지 3년밖에 되지 않은 스타트업 구글에 들어갑니다. 당시 구글은 급성장하고 있었지만 시스템을 갖추지 못해 비효율적으로 운영되고 있었습니다. 전격적으로 신생 벤처기업에 들어간 에릭 슈미트는 20여 년간 쌓은 경험을 바탕으로 부실한 시스템을 정비하고, 서비스와 제품의 품질을 유지할 수 있는 인프라를 구축했습니다. 그렇게 지속적인 수익을 낼 수 있는 조직구조를 만들자 구글은 비로소 적자에서 흑자로 전환되었습니다. 스타트업이던 구글을 대기업으로 탈바꿈시킨 것은 바로 에릭 슈미트라는 데 이견은 없을 것입니다.

대부분의 중소기업이나 벤처기업이 대기업 출신 임원의 영입을 고민하면서 기대하는 것도 바로 구글의 에릭 슈미트와 같은 성과가 아닐까요? 시스템 정비, 인프라 구축, 지속적인 수익 구조를 만드는 것 말입니다. 이처럼 중소기업에서 대기업 출신 인재를 영입하는 이유는 앞선 기술과 노하우를 배울 수 있기 때문입니다. 중소기업이나 벤처기업 경영자들은 대기업 출신 인재가 시장의 트렌드를 정확하게 읽고, 정보를 얻는 속도와 실행력도 빠르며, 성과를 내고자 하는 목표 의식도 뚜렷할 것이라고 기대합니다.

구글이 에릭 슈미트에게 원한 것 2가지

● ● ● ● ● ● ●

그렇다면 구글이 에릭 슈미트를 영입한 것처럼 중소기업이 선발 대기업 출신의 임원을 영입하면 기대했던 회사의 성장을 담보할 수 있을까요?

대기업 출신 인재를 영입하는 것은 중소기업의 가장 기본적인 성장 전략입니다. 구글과 같은 사례가 아니더라도 대기업 출신 임원들이 중소기업에 들어가 상품 개발이나 마케팅 분야에서 성과를 거둔 사례는 상당히 많습니다.

그러나 대기업 출신 임원을 영입했다가 어려움을 겪은 기업도 적지 않습니다. 제가 만난 한 중소기업 사장은 "대기업 출신 임원을 영입했다가 아무런 성과도 얻지 못한 채 마음고생만 했다"면서 "그 뒤로 두 번 다시 대기업 출신 임원을 뽑지 않고 있다"고 이야기하더군요. 그의 말대로 중소기업에서 대기업 출신 인재를 어렵게 영입했는데 잘 적응하지 못하거나 회사 내에 혼란을 일으키는 경우는 그리 드물지 않습니다.

하지만 실패할 것을 우려해 필요한 전략을 채택하지 않는 것은 구더기 무서워 장 못 담그는 것과 같습니다. 후발기업이 선발기업의 노하우를 얻는 가장 빠른 방법은 그 회사에서 근무했던 사람을 영입하는 것입니다. 이 방법은 비용이 가장 적게 들면서도 효과가 강력해서 이른바 가성비가 높습니다. 따라서 성장을 추구하는 중소기업이라면 대기업 출신의 임원을 적극 영입하되 부작용을 미리 예방할 필요가 있습니다.

가장 좋은 방법은 중소기업의 사정을 잘 아는 사람을 선택하는 것입니다. 왜냐하면 대기업 임원이 하는 일과 중소기업 임원이 하는 일은 전혀 다르기 때문입니다. 실제로 이 점을 간과하는 것이 대기업 출신 임원을 영입해서 실패하는 가장 큰 이유이기도 합니다. 대기업은 이미 업무 분야가 세분화되어 있을 뿐 아니라 체계적인 시스템이 갖춰져 있습니다. 따라서 대기업 임원들은 대부분 업무나 거래 등을 조율하고 최적화하는 역할을 담당합니다. 대기업 임원들 밑에는 수십 명에서 많게는 수백 수천 명의 직원들이 있습니다. 이 때문에 대기업의 임원들은 부하직원들의 업무를 파악하면서 조직을 관리하고, 다른 부서나 거래 업체의 관계자들을 만나는 데 많은 시간을 할애합니다.

반면 중소기업 임원들은 본인이 직접 나서지 않으면 어떤 일도 진행되지 않습니다. 부하직원이나 거래처 관계자들을 불러서 하나하나 지시하고 결정하고 확인하지 않으면 회사가 돌아가지 않습니다. 관리부터 프로세스와 조직구조 개선까지 모두 개입해야 합니다. 때로는 사업을 구상하거나 자금을 마련해야 하고, 어떤 경우에는 직원을 채용하고 교육하는 일까지 맡아야 합니다.

따라서 대기업에서만 일해온 임원은 중소기업에 들어와서 한동안 어떤 일을 해야 할지조차 파악하기가 쉽지 않습니다. 자신이 무슨 일을 해야 하는지도 모르는데, 프로세스를 개선하고 조직을 이끌어가는 것은 더더욱 힘든 일입니다. 따라서 중소기업이 대기업 출신 임원을 영입하고 싶다면 대기업을 나와 짧게라도 중소기업을 한두 번 거친 사람을 선택하는 것이 좋습니다. 그런 사람을 찾기 어렵다면 대기업에 재직할 때 중소기업과 직간접적으로 협력 관계를 맺어온 사람을 영입하는 것도 하나의 방법입니다.

그다음으로 영입한 임원에게 조직과 직무 적응을 위한 교육을 할 필요가 있습니다. 중소기업은 대기업과 달리 부하직원이나 거래처 관계자들의 의견을 조율하고 개선하는 것이 아니라 직접 기획하고 생산하고 판매해야 한다는 것, 필요한 인력은 직접 채용해서 훈련시켜야 한다는 것, 조직과 시스템을 직접 구축해야 한다는 식으로 중소기업에서 임원이 어떻게 처신해야 하는지를 구체적으로 알려줘야 합니다.

또한 회사가 무엇 때문에 그를 영입했고, 무엇을 기대하고 있는지도 정확히 알려주어야 합니다. 중소기업에 들어간 대기업 출신 임원 중 상당수는 회사가 자신에게 구체적으로 어떤 것을 기대하는지 잘 모릅니다. 회사와 임원 모두 막연하게 매출과 이익을 늘리고 신기술과 신상품 개발에 도움을 주면 된다고 생각합니다. 심지어 일부 임원들은 자신들이 재직하는 것만으로도 회사에 기여하는 것이라는 자만심 때문에 조직구성원들로부터 외면을 당하기도 합니다.

구글의 창업자 래리 페이지와 세르게이 브린은 에릭 슈미트를 영입하면서 자신들이 기대하는 2가지를 명확하게 밝혔습니다. 바로 시스템을 정비하고, 기업공개를 성공적으로 마치는 것이었습니다.

이를 위해 두 창업자는 경영을 에릭 슈미트에게 맡기고 자신들은 신기술 개발에만 전념했습니다. 그리고 3년 뒤 에릭 슈미트는 창업자가 기대하는 것을 성공적으로 수행했습니다.

중소기업이 많은 고민 끝에 대기업 출신 임원을 영입한다면 내부적으로 그 이유와 목적이 있을 것입니다. '차세대 제품을 개발한다, 창의성을 높일 수 있는 조직구조를 만든다, 인재를 영입할 수 있는 시스템을 만든다, 경쟁력을 높이기 위한 성장 전략을 세운다, 효율을 높일 수 있도록 조직 개편을 한다……' 따라서 중소기업이 인재를 채용할 때는 영입 대상자에게 성과를 올려야 할 부문을 명확하게 설명해줘야 합니다. 또 성취 가능성을 높이기 위해 회사가 원하는 방향을 놓고 영입 대상자와 의견을 조율하는 과정이 필요합니다.

성급함이 인재를 놓친다

● ● ● ● ● ●

'발묘조장(拔苗助長)', '급하게 서두르다 오히려 일을 망친다'는 뜻입니다. 한 농부가 논에 모를 심고 얼마나 자랐는지 매일 나가서 확인했습니다. 다른 사람의 벼가 자신의 벼보다 더 잘 자라자 농부는 벼 포기를 살짝 뽑아 올렸습니다. 농부는 벼의 키가 커진 것을 확인하고 흡족한 마음으로 집에 돌아왔습니다. 그러나 다음 날 논에 나가 보니 싹이 뽑힌 벼는 모두 말라 죽고 말았습니다. 『맹자』「공손추

(公孫丑)」편에 나오는 이 이야기는 오늘날의 인재경영에도 많은 시사점을 제공하고 있습니다.

대부분의 기업에서 역량이 뛰어난 대기업 출신 임원을 영입하고도 기대만큼 효과를 얻지 못하는 원인 중 하나는 조급함 때문입니다. 대기업과 중소기업은 국내 기업과 외국계 기업의 차이만큼 조직 문화와 시스템, 업무 프로세스가 다릅니다. 중소기업의 경우 대기업처럼 인지도가 높은 브랜드와 잘 갖춰진 환경, 그리고 신뢰와 호감을 가지고 먼저 찾아오는 고객이 없습니다. 또한 투자비와 영업비도 부족하고, 정교한 시스템도 갖추지 못했습니다. 제품력이 있다 하더라도 대규모 광고와 마케팅, 브랜드 인지도가 뒷받침되는 경우는 매우 드뭅니다. 그리고 무엇보다 직원들의 업무 역량도 대기업에 못미칩니다. 한마디로 대기업의 풍부한 업무 경험과 노하우를 펼칠 환경이 조성돼 있지 않습니다. 따라서 급히 서두르기보다는 먼저 조직 문화와 업무를 파악한 다음 성과를 낼 수 있도록 조직구조부터 갖춰나가는 것이 중요합니다.

일반적으로 중소기업이 대기업 임원을 영입하려는 목적은 크게 2가지입니다. 하나는 조직 시스템을 혁신해서 성장 기반을 구축하는 것입니다. 단순히 개선하고 보완하는 것이 아니라 중견 기업으로 도약하기 위해 근본적인 틀을 바꾸고자 하는 것이죠. 다른 하나는 대기업의 경영 노하우와 네트워크, 미래를 예측하는 안목을 통해 성과를 창출하고자 하는 것입니다.

그러나 중소기업이 이 2가지를 모두 충족하는 인재를 찾기란 하늘의 별 따기만큼이나 어렵습니다. 왜냐하면 경영혁신이나 영업 마케팅은 개인의 역량보다 회사의 역량에 크게 좌우되기 때문입니다. 아무리 탁월한 역량을 가진 사람도 회사의 한계까지 뛰어넘을 수는 없습니다. 제아무리 내로라하는 대기업 출신의 인재라고 해도 중소기업의 환경에서 단기간에 세계적인 제품을 개발해 매출을 획기적으로 끌어올릴 것이라고 기대하는 것은 무리입니다. 따라서 단기적인 외형 성장보다 장기적인 체질 개선을 목표로 양적 성장보다 질적 심화를 추구하는 것이 좀 더 현명합니다.

뱅크오브아메리카, 모토로라, 제니스, 이들은 왜 몰락했을까

예고된 위험, CEO의 공백

● ● ● ● ● ●

미국 스탠퍼드 대학교 경영대학원의 짐 콜린스 교수는 자신의 책 『위대한 기업은 다 어디로 갔을까(How The Mighty Fall)』에서 세계적으로 위대한 기업들이 몰락한 이유를 조사했습니다. 그가 이전에 쓴 책 『좋은 기업을 넘어 위대한 기업으로』에서 연구한 기업 가운데 몰락한 기업을 대상으로 그 원인을 깊이 있게 분석해본 것입니다. 짐 콜린스가 위대한 기업이라고 극찬했던 A&P, 어드레스그래프, 에임스, 뱅크오브아메리카(BoA), 서킷시티, 머크, 모토로라, 제니스는 10년도 되지 않아 몰락했는데, 이 책에서 연구 대상이 되었습니다.

몰락의 원인 중 가장 눈길을 끈 것은 최고경영자(CEO) 승계였습니다. 분석 대상 기업 가운데 한 곳을 제외하고 모두 최고경영자 승계 과정에서 문제가 발생한 것입니다. 이들은 최고경영자를 제때 선임하지 못함으로써 위대한 기업의 반열에서 추락하고 말았습니다.

최고경영자가 갑자기 물러나야 할 상황이 기업에 얼마나 큰 영향을 미치는지를 보여주는 사례는 많습니다. 애플의 스티브 잡스가 병가를 내자마자 애플의 주가가 6퍼센트나 떨어진 것이 대표적인 사례입니다. 휴렛팩커드(HP)도 당시 CEO였던 마크 허드(Mark Hurd, 현재 오라클 사장)가 섹스 스캔들로 갑자기 사임하자 주가가 곤두박질쳤습니다.

반면 2004년 4월 맥도날드의 짐 캔탈루포(Jim Cantalupo) 회장이 심장마비로 갑자기 세상을 떠났을 때 맥도날드의 CEO 공백은 3시간에 불과했습니다. 이사회가 곧바로 화상 회의를 열어 찰리 벨(Charlie Bell) 최고운영책임자(COO)를 최고경영자로 선임한 것입니다. 그해 11월 찰리 벨이 암으로 자리에서 물러났을 때도 부회장이던 짐 스키너(Jim Skinner)가 곧바로 최고경영자 자리를 이어받았습니다. 최고경영자 후보와 승계 절차를 미리 준비해두었기에 1년 동안 최고경영자가 두 번 바뀌는 상황에서도 맥도날드는 주가 하락이나 경영의 혼란을 겪지 않았습니다. 이처럼 맥도날드는 평소에 차기 최고경영자를 미리 정해두고 기업 내에 공표해둠으로써 갑작스러운 공석에도 최고경영자 선임을 신속하고 잡음 없이 진행할 수 있었습니다.

최고경영자가 사망, 불의의 사고, 경영 악화, 비리 등으로 갑자기 자리에서 물러났을 때 기업이 혼란에 빠지고 주가가 하락하면서 주주들이 피해를 입게 되자 미국 증권거래위원회(SEC)는 2009년 말 CEO 승계 계획을 의무화했습니다. 당시 미국 기업의 43퍼센트는 최고경영자 승계 계획을 마련해두지 않고 있었습니다.

그렇다면 우리나라의 기업은 어떨까요? 한 조사에 따르면 국내 100대 기업 중 69퍼센트가 CEO 승계 계획 자체를 세워놓지 않고 있었습니다. 2016년 중견 기업 실태 조사' 결과에서도 조사 대상 기업의 78.2퍼센트가 아예 승계 계획을 갖고 있지 않다고 밝혔습니다.

최고경영자를 잘 선정하려면

● ● ● ● ● ●

최고경영자 선임은 세계적으로 내로라하는 기업에서도 매우 어려운 과제로 꼽히고 있습니다. 한국 기업의 경우 최고경영자 선임이 어려운 것은 무엇보다 최고경영자 선출 경험이 부족하기 때문입니다. 기업에서 최고경영자를 선임하는 주체는 이사회입니다. 하지만 이사회 구성원들은 대체로 최고경영자 선출 경험이 없습니다. 그러한 이사들이 최고경영자 후보를 발굴하고 평가하고 검증하기는 무리입니다. 더구나 최고경영자 선임은 대부분 갑작스러운 상황에서 진행되기 때문에 시간적 여유가 없습니다.

최고경영자 후보들의 직무 경험 부족도 최고경영자 선임을 어렵게 만드는 주요 요인으로 꼽힙니다. 일반적으로 최고경영자의 80퍼센트가량이 이전에 최고경영자를 경험해본 적이 없습니다. 말하자면 처음 CEO 자리에 오르는 것입니다. 특히 요즘은 단기간에 최고경영자로 승진하는 사람이 늘어나고 있습니다. 상위 단계 리더십으로 전환하는 속도가 갈수록 빨라지고 있기 때문입니다. 하지만 리더십 단계를 밑에서부터 차근차근 밟고 올라오지 않은 최고경영자는 복잡하고 불확실한 상황에서 제대로 판단력을 발휘하는 데 어려움을 겪게 됩니다.

최고경영자가 되는 것은 임원으로 승진하거나 보직을 바꾸는 것과 전혀 다릅니다. 경영자는 오로지 혼자 결정을 내려야 하는 외로운 자리입니다. 혼자 복잡한 문제들과 씨름해야 하는 자리에서 준비되지 않은 최고경영자가 제대로 역할을 할 수 있을까요?

최고경영자가 되기 위한 절대 조건

● ● ● ● ● ● ●

그렇다면 최고경영자를 제대로 선임하기 위해서는 어떤 과정을 거쳐야 할까요?

우선 기업은 최고경영자가 어떤 역할을 하고 어떤 책임을 져야 하는지 명확하게 규정하고, 이에 적합한 후보자를 발굴해야 합니다.

막연하게 회사를 대표하고 경영을 총괄한다는 수준의 선언적 의미를 넘어서서 직무의 성격과 내용, 그에 따른 책임을 상세하게 규정해야 합니다. 그렇게 해야 각각의 기업에 적합한 최고경영자의 자격과 선발 기준을 만들 수 있습니다.

최고경영자 선발 기준이 만들어지면 기업은 광범위한 조사를 통해 적합한 후보자들을 선정하고 체계적으로 관리해야 합니다. 처음에는 회사 내부에서 적당한 후보자를 물색하는 것이 좋습니다. 회사의 리더십 프로그램에 따라 양성된 리더들은 준비 없이 경영 책임을 맡은 사람들과 달리 회사를 위험한 길로 이끌 가능성이 적습니다. 물론 후보자를 반드시 내부 출신 인사로 한정할 필요는 없습니다. 외부 인재 중에서도 적합하다고 판단되는 사람들이 있다면 내부 출신들과 함께 비교하는 것이 좋습니다.

기업은 자체 기준에 적합한 후보자들을 선정한 다음 지속적으로 평가하고 검증해야 합니다. 후보자들이 최고경영자의 역할과 책임을 수행할 수 있는 역량과 자격을 갖추고 있는지 살펴보는 것입니다. 후보자에게 최고경영자의 직무를 수행하는 데 도움이 되는 업무를 맡겨볼 필요도 있습니다. 글로벌 기업들은 후보자에게 위기에 처한 사업 부문 담당, 신규사업 추진, 쇠퇴하고 있는 사업을 새로운 사업으로 전환하는 과제 같은 직무를 맡기기도 합니다.

기업이 성장하느냐 쇠퇴하느냐는 변화하는 환경에서 최고경영자가 어떤 의사 결정을 내리느냐에 달렸습니다. 따라서 잠재력이 뛰어나고 최고경영자의 자질이 탁월한 후보자일수록 변화에 많이 노출시켜서 꼼꼼히 검증해야 합니다. 탁월한 리더와 평범한 리더를 가름하는 기준은 맡고 있는 사업 부문이나 조직의 규모가 아니라 직무의 복합성입니다. 따라서 최고경영자 후보자에게는 이해관계가 복잡하게 얽혀 있고 다양한 요소가 영향을 미치는 업무를 맡겨보고 역량 수준을 파악하는 것도 필요합니다.

다음 최고경영자는 준비되어 있는가

· · · · · ·

최고경영자가 갖춰야 할 조건 중 가장 중요한 것은 용인술입니다. 즉, 어떤 인재를 선택해서 어떻게 활용하느냐 하는 점입니다. 기업에서 성과를 좌우하는 핵심 요인 중 하나는 누구와 일하느냐 하는 것이기 때문입니다. 기업의 인사권을 쥐고 있는 최고경영자의 인재관은 기업의 성과와 발전에 큰 영향을 미칩니다. 따라서 후보자가 조직을 운영하고 사업을 이끄는 과정에서 어떤 인재를 중용하고 어떻게 이끌어가는지를 검증해봐야 합니다.

단기적으로는 최고의 성과를 내지만 궁극적으로는 회사를 몰락의 수렁에 빠뜨리는 최고경영자도 있고, 단기 성과는 적지만 단단하고 효율적인 조직을 만들어 중장기적으로 큰 성과를 내는 최고경영자도 있습니다. 후자의 경우 대체로 인적자원을 조직하고 활용하는 역량이 뛰어납니다.

이렇게 최종 후보자가 정해지면 기업은 적극적으로 연착륙을 도와야 합니다. 앞서 말했듯이 대부분의 최고경영자는 해당 직무를 처음으로 수행하는 사람들입니다. 따라서 최고경영자가 무슨 일을 어떻게 해야 하는지, 권한과 책임은 무엇인지를 정확하게 모릅니다. 이를 위해 글로벌 선발기업들은 최고경영자 선임에 관한 것은 물론 선임 뒤 안착을 지원하는 직무전환제도를 마련해두고 있습니다.

이처럼 기업들이 기준에 맞는 후보자를 선정해서 능력을 검증하고 역량을 키우기까지 적지 않은 시간이 필요합니다. 최고경영자 승계 계획을 미리 준비해야 하는 이유도 바로 여기에 있습니다. 일반적으로 현재의 최고경영자가 자리에서 물러나기 3~4년 전부터 승계를 준비하는 것이 좋습니다. 최고경영자 후보를 사전에 준비하지 않으면 비상 승계 상황이 벌어질 때 과정과 절차가 허술할 수밖에 없습니다. 그리고 무엇보다 철저한 검증을 할 시간이 없습니다. 최고경영자 승계의 절반 이상이 급작스러운 비상 상황에서 진행된다는 점을 감안하면 승계 준비는 가능한 일찍 시작해야 합니다.

"지금 당장 최고경영자 자리가 공석이 된다면, 그 자리를 맡을 후보자가 준비되어 있는가?"

이 질문에 자신 있게 대답할 수 없는 기업은 위험에 노출되어 있는 것과 같습니다. 현재의 최고경영자가 물러나는 즉시 뛰어난 자질을 갖춘 인재가 그 자리를 대신할 수 있도록 경영 승계 프로그램을 통해 철저히 대비해야 합니다. 기업에서 최고경영자는 회사의 성패를 결정하는 중요한 자리이기 때문입니다.

3장

• • •

기업가치 100배 키우는
조직문화

"혁신은 기업이 연구개발비로 얼마나 투자했는지와는 상관없다.
혁신은 얼마나 훌륭한 사람들이 많은지,
경영진이 그들의 능력을 어떻게 끌어내는지에 달렸다."

– 스티브 잡스(애플 전 CEO)

[다양성]

바나나는 왜 멸종 위기에 처했나

100년 지속 성장의 비밀

● ● ● ● ● ● ●

20세기 세계 초강대국(superpower)이라고 하면 단연 미국을 들 수 있겠죠. 21세기 들어서 중국이 그 자리를 넘보고 있지만 미국은 여전히 세계 경제를 주도하고 있을 뿐 아니라 앞으로도 영향력을 계속 발휘할 가능성이 큽니다. 이처럼 한 국가가 100여 년 가까이 초강대국의 자리를 유지하기는 쉽지 않습니다. 그렇다면 이러한 미국의 힘은 어디에서 비롯된 것일까요? 3억이 넘는 인구에 1인당 국민소득(GNP)이 6만 달러에 이르는 국가경제를 유지할 수 있는 비결은 무엇일까요?

미국 경쟁력의 원천 가운데 하나는 바로 '멜팅팟(melting pot)'입니다. '인종의 용광로', 즉 여러 인종과 문화가 한데 융합된 미국의 다민족 문화를 일컫는 말입니다. 다양한 환경이 종의 진화를 견인하듯이 미국은 세계 각국의 사람들을 흡수하면서 지속 성장의 원천인 인재와 창의력을 끊임없이 공급받고 있습니다.

미국이 다양한 문화권에서 인재를 끌어들이기 시작한 것은 제2차 세계대전 이후부터입니다. 나치와 파시스트의 박해를 받던 유럽의 과학자와 인문학자들을 대거 받아들인 것입니다. 이러한 사실은 노벨상 수상자들의 출신에서도 알 수 있습니다. 미국은 노벨상 수상자를 가장 많이 배출한 나라인데, 그 수상자의 38퍼센트가량이 이민자 출신입니다.

벤처기업의 산실인 실리콘밸리 역시 인도, 중국, 이스라엘 등 서로 다른 문화권에서 유입된 인재들이 혁신을 이끌어냈습니다. 구글의 '혁신과 창의성 프로그램'의 총괄 매니저인 프레데릭 페르트(Frederik G. Pferdt)는 실리콘밸리의 성공 이유를 이렇게 설명했습니다.

"다양성과 포용성이 누구나 사용할 수 있는 서비스와 제품을 만들었다."

다양성이 성공에 미치는 영향력은 다음과 같은 실험에서도 확인되었습니다. 텍사스 대학교 쉰 레빈(Sheen S. Levine) 교수와 컬럼비아 대학교의 데이비드 스타크(David C. Stark) 교수는 다양한 인종 그룹과 동일 인종 그룹으로 나눠 가상의 주식 거래를 통해 주식의 가치를 평가하는 실험을 했습니다. 그 결과 다양한 인종 그룹이 동일 인종 그룹보다 실제 주식 가치를 58퍼센트나 정확하게 맞혔습니다. 또한 다양한 인종 그룹은 서로 다른 의견이 충돌하는 과정에서 오류를 더 많이 찾아내고 개선하는 모습을 보였습니다.

다양성이 생존 가능성을 높인다

● ● ● ● ● ● ●

현재 사업이 잘되고 경영 상황이 좋다 하더라도 미래를 담보할 수는 없습니다. 시장 상황은 계속 변하고, 미래를 예측하기도 쉬운 일이 아닙니다. 삼성전자만 해도 한때 반도체 사업의 활황으로 사상 최대의 매출과 이익을 냈지만, 반도체 수요가 언제까지 지속될지 알수 없어 불안해하고 있습니다. 더구나 중국 기업들이 빠르게 경쟁자로 부상하고 있습니다. 중국 기업들은 높은 연봉과 파격적인 근무 조건을 제시하며 한국의 반도체 인력을 대대적으로 끌어들이고 있습니다. 전문가들은 중국 기업들이 국가의 전폭적 지원을 받으면서 대규모 투자를 계속하고 있기 때문에 머지않아 한국의 반도체 기업들을 위협하게 될 것이라고 예상하고 있습니다.

"10년 안에 삼성이 대표하는 사업과 제품이 사라질 것이다."

이건희 삼성그룹 회장도 이렇게 말하며 계열사 최고경영자들에게 경각심을 일깨워주었습니다. 그리고 그룹의 역량을 총동원해 현재의 주력 사업을 대체할 다음 먹거리를 찾으려고 애를 썼습니다.

이런 노력의 결과로 그는 2010년 태양전지, 발광다이오드(LED), 2차 전지, 의료 기기, 바이오 제약을 '5대 신수종 사업'으로 정하고, 10년 간 23조 원을 투자하겠다고 발표했습니다. 하지만 이 가운데 현재까지 진행되는 사업은 바이오 제약 정도에 불과합니다.

이 회장은 삼성의 미래 위기에 대처하기 위한 보다 근본적인 방안을 고민하게 됐습니다. 이 회장의 다음과 같은 말은 그의 고민이 어디로 향하고 있는지 추측할 수 있는 단초가 되고 있습니다.

"차세대 수익 사업이 무엇인지는 나도 모릅니다. 하지만 해결책은 알고 있습니다. 바로 5년, 10년 뒤 미래 사업을 발굴할 수 있는 능력을 갖춘 핵심인재를 뽑는 겁니다."

삼성뿐 아니라 많은 기업들이 새로운 성장 동력이 될 만한 사업을 찾아왔습니다. 그러나 대부분 몇 년 되지 않아 없었던 일이 돼버리고 말았습니다. 2~3년 뒤도 모르는데 10년 뒤를 예측하고 대책을 세울 수는 없을 것입니다. 따라서 미래를 위한 투자는 사업이 아니라 사람에 집중해야 합니다.

그런데 어떻게 해야 지속 성장을 이끌 인재를 확보할 수 있을까요? 인재를 확보하고 육성하는 방법은 다양하며, 어떤 것이 옳다고 단정하기는 어렵습니다. 회사마다 처한 여건이 다르기 때문입니다. 그러나 모든 회사가 간과하지 말아야 할 인재투자 원칙 한 가지가 있습니다. 바로 다양한 인재를 확보하고 유지하는 것입니다.

다양성이 얼마나 중요한지는 생태계 전문가들이 잘 알고 있습니다. 전문가들은 머지않아 바나나가 멸종될지도 모른다고 우려합니다. 왜 그럴까요? 원래 바나나는 400여 가지의 품종이 있었습니다. 그런데 다국적기업들이 가장 우수한 품종인 '그로 미셸'만을 선정해 대량생산하면서 다른 품종들은 모두 사라지고 말았습니다. 달콤한 맛과 향을 가진 그로 미셸은 육질이 단단해서 장시간 운송에 용이했습니다. 덕분에 열대우림에서 재배되는 바나나가 세계인의 과일로 자리 잡을 수 있었죠.

그런데 1960년대 바나나 암이라 불리는 '파나마병'이 순식간에 퍼져 재배가 중단되는 위기를 맞았습니다. 전문가들은 바나나의 품종이 다양하지 못해 질병에 대처하는 능력이 떨어져 결국 멸종 위기에 처하게 됐다고 말합니다. 단일 품종이 죽으면 바나나 자체가 멸종되는 것이니까요. 지금 우리가 먹고 있는 바나나는 다행히 파나마병에서 살아남은 '캐번디시'입니다. 그러나 이 품종은 이전보다 맛이 덜할 뿐 아니라 병충해에도 약합니다. 이처럼 다양성을 확보하지 않으면 문제가 생겼을 때 생존 가능성이 낮아집니다. 다양한 품종이 다양한 환경에 적응하면서 더 강하게 생존하는 능력을 키우기 때문입니다. 생태계 전문가들에게 '잡종강세(heterosis, 雜種强勢)'라는 말은 이론이 아니라 절절한 현실입니다.

글로벌 기업이 다양성 부문 책임자를 두는 이유

● ● ● ● ● ● ●

생태계와 마찬가지로 기업도 다양한 인재들을 영입하지 않으면 변화에 대처하는 능력이 떨어져 결국 도태될 위기에 처할 수 있습니다. 글로벌 컨설팅 기업 맥킨지의 조사 결과에서도 알 수 있듯이 다양한 사람들로 구성된 기업일수록 수익률이 높습니다. 그렇다면 기업은 어떻게 다양성을 확보할 수 있을까요?

2014년 구글은 획일성이 회사의 성장발전에 장애물이 된다는 사실을 발견했습니다. 당시 구글의 인력 구성 분포를 조사한 결과 직원들의 70퍼센트가 남성이었고, 흑인과 히스패닉은 합쳐서 고작 5퍼센트에 불과했습니다. 구글은 이때부터 다양성 확보를 위한 개선 작업에 들어갔습니다. 구글은 좋은 인재를 영입하기 위해서는 각양각색의 사람들이 능력을 100퍼센트 발휘할 수 있는 기업 문화를 만들어야 한다고 판단했습니다. 다양성을 받아들이는 것이야말로 혁신의 발판이라고 여긴 것입니다. 이에 따라 다양성 확보를 위해 지속적으로 노력했고, 그 결과 구글은 대표적인 지속 성장 기업이 됐습니다.

애플 역시 2017년 다양성 부문 책임자로 흑인 여성을 임명했습니다. 직급도 부사장급으로 격상하면서 조직원들을 다양한 글로벌 인재로 재구성하기 위해 노력하고 있습니다. 이외에도 페이스북은 글로벌 다양성 이사, 마스터카드는 포용 담당 최고경영자를 두어 성소

수자, 성별, 인종, 민족을 초월해 다양한 인재들이 능력을 발휘할 수 있는 기업 문화를 만들고 있습니다. 이처럼 글로벌 기업은 다양한 인재를 확보하는 것이 기업의 경쟁력을 높인다는 점을 인식하고 다양성을 전담하는 부서를 운영하며 정책적으로 관리하고 있습니다.

그렇다면 우리나라는 어떨까요? 스위스 국제경영개발연구원(IMD) 국제경쟁력센터에서 발표한 세계인재경쟁력지수를 보면 한국은 인재관리와 해외 인재 유치 부문에서 59위로 최하위권을 기록했습니다.

기업 경영진들이 다양한 사람들을 받아들이지 않으려는 이유는 효율성 때문입니다. 다른 언어와 사고, 습관, 경험을 가진 사람들이 모이면 의사 결정 속도가 더디고 비용도 늘어난다는 것입니다. 실제로 경험과 가치관이 비슷한 사람들로 조직을 꾸리면 의사 결정이 빠르고 즉각적인 실행이 이루어질 수 있습니다.

인적 다양성이 부족한 기업의 가장 큰 약점은 창의성이 떨어진다는 것입니다. 창의성은 다양한 사고에서 나오는데, 조직에 비슷한 사람들이 많이 모이면 위계질서가 굳어지면서 획일적인 문화가 자리 잡게 됩니다. 이런 기업은 최고경영자가 장기근속을 할수록 대부분의 구성원들이 그와 비슷한 사람들로 채워집니다. 같은 학교나 같은 지역 출신들이 많은 조직에서는 자신의 의견을 당당하게 밝히기보다 상명하복이 두드러지면서 실패에도 관대한 경향이 나타납니다. 이런 현상이 발생하는 것은 조직원들이 대체로 성과보다 관계를 중시하기 때문입니다.

조직은 다양한 사람들로 채워질 때 활력을 유지할 수 있습니다. 특히 기업이 글로벌 차원의 비즈니스를 전개하려면 반드시 다양한 인적 구성을 마련해야 합니다. 세계 시장을 장악하려면 다양한 국가에 맞는 상품과 서비스를 개발하고, 해당 문화에 맞는 영업과 마케팅을 펼쳐야 하기 때문입니다.

두 번의 파산 신청,
세 번째 닥친 도산 위기

블록버스터는 왜 사라졌을까

● ● ● ● ● ●

한때 세계 최대의 비디오 대여 전문점이었던 블록버스터는 최전 성기인 2004년에 점포 수가 9천 곳에 달하고 8만 4천여 명의 직원 을 거느린 대기업이었습니다. 당시 블록버스터는 마을마다 지점이 있을 정도로 비디오 대여업을 독점하다시피 했습니다. 미국에서는 온 가족이 블록버스터에 가서 비디오를 고르는 것이 일상이었죠. 그 러나 불과 6년 뒤 블록버스터는 파산 신청을 했고, 2018년 현재 블 록버스터 비디오 대여점은 오리건 주에 단 한 곳 남아 있을 뿐입니 다. 블록버스터는 왜 몰락의 길을 걸었을까요?

블록버스터는 오프라인 매장을 중심으로 운영했습니다. 사람들은 직접 매장을 찾아가서 비디오를 빌렸고, 반납할 때도 매장을 방문해야 했습니다. 블록버스터가 한창 오프라인 매장을 늘려가고 있던 1998년, 리드 헤이스팅스라는 청년이 회사를 창업해 비디오 대여업을 시작했습니다. 이 청년이 DVD를 우편으로 대여하는 서비스로 시작해 온라인 스트리밍 서비스로 전환한 회사가 바로 넷플릭스입니다. 이처럼 넷플릭스의 성장과 블록버스터의 쇠퇴는 궤를 같이합니다.

현재 넷플릭스는 세계 최대의 엔터테인먼트 기업으로 시가총액이 디즈니에 버금가는 수준으로 성장했습니다. 반면 블록버스터는 구시대 유물의 상징이 되어 기업 경영에서는 반면교사(反面敎師)로 삼아야 할 실패의 아이콘이 되었습니다. 사람들이 영화를 보는 방식이 변하고 기업 환경이 온라인으로 옮겨 가고 있을 때도 블록버스터는 오프라인 매장을 고수하는 정책을 버리지 않았습니다. 결국 시대의 변화를 읽지 못한 골리앗은 다윗의 일격에 무너지고 말았습니다. 블록버스터의 사례로 우리는 시장에서 1등 혹은 독과점 기업이라도 현재의 성공에 안주해서는 안 된다는 것을 알 수 있습니다.

하지만 오랫동안 안주해온 기업일수록 기존의 경영전략을 바꾸기가 쉽지 않습니다. 블록버스터도 "이제는 넷플릭스가 주도하는 온라인 사업이 미래의 사업 방향"이라고 판단하면서도 오프라인 중심 정책을 완전히 포기하지는 못했습니다.

그리고 무엇보다 혁신의 장애물이 되는 것은 바로 기업 문화입니다. 직원들 사이에서 "이렇게 한다고 뭐가 달라지겠느냐"는 회의적인 반응이 나올 수도 있고, 경우에 따라서는 "이미 늦었다"는 패배의식에 사로잡힐 수도 있습니다. 이런 경우에는 경영진들이 적극적으로 전면에 나서서 직원들이 추진력을 발휘할 수 있는 분위기를 만드는 것이 중요합니다.

콘티넨털항공을 살린 CEO의 선택

● ● ● ● ● ●

회사가 경영 위기에 처했을 때 맨 먼저 기업 문화를 혁신해 위기를 벗어난 CEO가 있습니다. 콘티넨털항공을 최우수 항공사로 탈바꿈시킨 고든 베튠(Gordon M. Bethune)입니다. 1934년 설립된 콘티넨털항공은 2011년 유나이티드항공과 합병하기 전까지 미국의 5대 항공사 중 하나였습니다. 이 회사는 1994년 고든 베튠이 CEO로 취임해 부활의 신호탄을 쏘아 올리기 전까지 두 번이나 법원에 파산 신청을 했던 전력을 갖고 있었습니다. 가까스로 위기를 넘기고 이제 회생의 길을 걷는가 했는데, 회사 상황이 다시 악화되어 결국 세 번째 도산 위기를 맞게 되었습니다.

고든 베튠이 취임할 당시 콘티넨털항공은 6개월도 채 버티기 어려워 보였습니다. 이미 직원들의 급여를 제때 지급하지 못하고 있었으니까요. 콘티넨털항공은 미국 연방정부 교통부가 평가한 품질관리 지표에서 늘 최하위를 맴돌 정도로 최악의 고객 서비스로 악명을 떨치고 있었습니다. 이런 상황에서도 노조는 지속적으로 회사와 강경하게 맞서면서 경영진을 난감하게 만들고 있었습니다.

이런 경영 상황에서 일반적인 경영자라면 취임하자마자 즉각적으로 비용 절감에 들어갔을 것입니다. 우선 돈이 새어 나가는 것부터 막아야 시간을 벌 수 있으니까요. 그러나 고든 베튠은 비용 절감 조치를 취하지 않았습니다. 직원들의 사기를 꺾고 고객 서비스의 품질을 떨어뜨리지 않기 위해서였습니다. 대신 그는 기업 문화를 바꾸는 데 역량을 집중했습니다.

그는 기업 문화와 관련해 4가지 과제를 설정했습니다. 직원들에게 경영 정보를 투명하게 공개할 것, 직원들이 경영 상황을 이해할 수 있도록 교육을 강화할 것, 직원들에 대한 통제를 줄이고 자율권을 확대할 것, 그리고 경영 성과와 연계해서 직원들에게 보상할 것을 핵심 과제로 삼은 것입니다.

고든 베튠은 자기 사무실을 개방하고 찾아오는 직원들을 수시로 만났습니다. CEO가 직접 직원들과 정보를 공유하고 공감대를 형성하려고 애썼던 것입니다. 또한 그는 서비스 품질 개선을 위해 항공기 정시 이착륙 순위가 미국 항공사 10위 안에 들면 350만 달러의 보너스를 지급하겠다고 직원들에게 약속했습니다. 당시 콘티넨털 항공의 고질적인 문제는 이착륙 지연이었습니다. 그로 인해 발생하는 손실만 연간 600만 달러를 넘을 정도였으니까요.

고든 베튠은 경영상의 모든 판단 기준을 '회사와 고객에게 이익이 되는 것'으로 정하고, 이것을 강력하고 일관되게 실행에 옮겼습니다. 이 기준을 토대로 대대적인 인사 개혁도 실시했습니다. 그는 직원들에게 딱 2가지 행동만을 주문했습니다. '회사에 이익이 되는 행동'과 '고객에게 이익이 되는 행동'만을 하라고 말입니다.

그 결과 기적이 일어났습니다. 고든 베튠이 취임한 지 1년 만에 콘티넨털항공의 정시 이착륙 순위가 꼴찌에서 3위로 수직 상승한 것입니다. 그렇게 되자 고객 만족도도 1위로 올라섰습니다. 언제 무너질지 모를 정도로 위태로웠던 회사가 우량 항공사로 변신하기까지는 그렇게 긴 시간이 걸리지 않았습니다.

기업 부활 프로젝트의 핵심

● ● ● ● ● ● ●

우리는 고든 베튠의 콘티넨털항공 부활 프로젝트를 통해 회사가 위기에 빠졌을 때 가장 강력하게 추진해야 하는 것이 무엇인지를 알 수 있습니다. 바로 기업 문화를 바꾸는 데 조직의 역량을 집중해야 합니다. 오랫동안 과점체제를 유지한 기업은 관료적이고 보수적인 기업 문화가 깊이 뿌리박혀 있습니다. 그런 조직문화에서는 직원들이 변화와 도전보다 현상 유지와 위험 회피를 우선적으로 생각합니다. 그러나 기업은 현상 유지와 안전 추구만으로는 성장은 물론 존립조차 기대하기 어렵습니다.

그렇다면 어떻게 해야 기업 문화를 바꿀 수 있을까요? 기업 문화가 바뀌려면 기본적으로 사람이 바뀌어야 합니다. 고든 베튠은 "기업 경영의 성공과 실패는 100퍼센트 인적 요소에 달려 있다"고 강조했습니다. 안일주의에 빠진 사람들이 있는 한 기업 문화를 바꿀 수 없습니다. 고든 베튠도 CEO에 취임한 뒤 61명의 임원 가운데 무려 50명을 내보냈습니다. 그리고 자신의 경영 철학에 맞는 20명의 임원을 채용함으로써 전체 임원의 3분의 2를 외부에서 영입했습니다. 이처럼 고든 베튠은 과감하게 인적 쇄신을 추진함으로써 혁신에 따른 내부 저항을 줄이고 공감대를 형성해 추진력을 얻을 수 있었습니다. 내부 저항이 계속된다면 경영혁신은 고난의 행군이 될 가능성이 크니까요.

인적 쇄신을 시작으로 조직문화를 바꿨다면, 그다음으로는 직원들에게 동기부여를 해야 합니다. 열심히 일할 수 있는 여건을 만들어주는 것입니다. 그 방법 중에 하나가 성과 중심 평가 제도입니다. 승진과 연봉을 결정하고 직책이나 직무를 부여할 때 성과를 최우선적으로 반영한다면 조직은 활력이 넘치고 열심히 일하는 직원들로 가득 찰 것입니다. 임직원을 새로 영입할 때도 성과를 가장 중요한 기준으로 삼아야 합니다. 새로 영입하는 직원이 큰 성과를 낼 경우 성과 중심 문화가 자연스럽게 확산될 수 있으니까요.

이와 함께 성과가 부진한 임직원들은 과감하게 퇴출하는 시스템도 구축해야 합니다. 물론 이 과정에서 구성원들이 불안해하거나 불만을 가질 수도 있습니다. 그러나 임직원들은 불성실하고 무능력한 동료와 같이 일하는 것이 얼마나 힘든 일인지 잘 알고 있습니다. 따라서 충분한 설명과 논의를 거쳐 필요성에 대한 공감대를 만들어 간다면 퇴출 시스템에 대한 반발이 우려했던 것만큼 크지 않을 것입니다.

직원들이 조직 책임자의 메시지를 적극적으로 수용하려면 성과 중심 이외에 더 강력한 동기부여가 필요할 수도 있습니다. 고든 베튠은 직원들의 동기부여 효과를 높이기 위해 보상을 확대했습니다. 그동안 조종사에게만 지급되던 정시운항 성과급을 모든 직원들에게 지급하고, 6개월 개근한 직원들 가운데 1년에 두 차례 6명씩 우수 직원을 선정해 자동차를 포상했습니다. 직원들을 강하게 압박하는 것이 아니라 더 좋은 성과를 내는 쪽으로 유도하고, 그에 따른 성과물을 공유하는 방식을 취한 것입니다.

일반적으로 경영혁신이나 구조조정을 실시하면 직원들은 위축되게 마련입니다. 기업이 위기를 맞은 데는 경영자의 책임이 큰데도 경영혁신을 추진하다 보면 애꿎은 직원만 어려움을 겪는 일들이 다반사로 벌어집니다. 하지만 고든 베튠은 직원들의 형편없는 처우를 직시하면서 직원들을 존중하는 경영전략을 펼쳤습니다. 이렇게 하자 직원들은 경영자의 마인드를 이해하고 경영자가 제시한 지침에 따라 행동하기 시작했습니다.

기업 문화를 바꾸기는 결코 쉽지 않습니다. 사람의 생각을 바꿔야 하고, 더 나아가 사람 자체를 바꿔야 하기 때문입니다. 특히 위기를 맞은 상황에서는 오랫동안 고착되어온 기업 문화를 바꾸기가 더더욱 어렵습니다.

그러나 기업 문화는 경쟁력 강화와 성장발전의 자양분이 됩니다. 특히 기업 문화는 경쟁 회사가 절대 따라 할 수 없는 차별화된 경쟁력의 원천입니다. 기술과 업무 프로세스는 얼마든지 복제 가능하고 경쟁사의 핵심인재도 언제든지 영입할 수 있지만 기업 문화는 절대 복제하거나 훔칠 수 없기 때문입니다.

조직에 부적합한 직원을
걸러내는 기준

무엇이 기업의 경쟁력을 좌우하는가

● ● ● ● ● ●

식물이 성장하려면 적당한 빛과 온도, 수분, 그리고 영양분이 필요합니다. 그런데 빛과 수분, 양분이 아무리 풍부해도 칼슘, 철, 인 같은 무기질이 부족하면 식물은 정상적으로 자랄 수 없습니다. 독일의 화학자 리비히(Justus Freiherr von Liebig)는 무기질과 같이 식물이 최소량으로 필요로 하는 물질이 실제 성장을 결정한다는 것을 발견하고 이것을 '최소량의 법칙(Law of Minimum)'이라고 명명했습니다.

리비히는 '최소량의 법칙'을 쉽게 설명하기 위해 나무 물통에 비유했습니다. 높이가 다른 여러 개의 나뭇조각을 이어서 만든 나무통은 다른 나뭇조각이 아무리 높아도 물은 가장 짧은 나뭇조각까지만 담을 수 있습니다. 결국 나무통에 담을 수 있는 물의 양을 결정하는 것은 긴 나뭇조각이 아니라 짧은 나뭇조각입니다.

기업의 인적자원도 '최소량의 법칙'으로 설명할 수 있습니다. 아무리 좋은 인재가 많아도 그 안에 부적합한 직원이 섞여 있다면 결국 그 기업의 경쟁력은 부적합한 직원의 수준을 넘어서기가 어렵습니다. 리비히는 "쇠사슬의 강도는 가장 약한 고리에 의해 결정된다"고 말했습니다. 10개의 쇠고리 중에 9개의 쇠고리가 아무리 두껍고 강하다 해도 가는 고리 하나가 끼어 있다면 쇠사슬을 세게 잡아당겼을 때 그 약한 고리 부분이 끊어지고 맙니다.

부적절한 사람은 왜 생기는가

● ● ● ● ● ●

"조직에 부적합한 직원들을 어떻게 해야 할까요? 언제까지 기회를 주면서 기다려야 할까요?"

기업의 경영자나 조직의 책임자들이 늘 고민하는 문제입니다. 기업이 경영혁신을 추진할 때 가장 먼저 검토하는 것이 바로 인적 쇄신입니다. 변화에 대한 적응력과 수용력이 떨어지거나 업무 성과가 부진한 직원들을 내보내고, 새로운 인재들을 영입해 효율을 높이는 쪽으로 조직을 재구축하려는 것입니다.

기업 경영자들에게 "제 역할을 하는 사람이 얼마나 되느냐?"고 물어보면 "절반 이상"이라고 응답하는 사람이 거의 없습니다. "조직을 재정비한다면 현재의 직원 중 몇 명을 다시 채용하겠느냐?"고 물어보면 "절반 정도"라는 대답이 가장 많습니다. 경영자가 만족하는 구성원은 평균적으로 절반을 넘지 않는다는 뜻입니다.

어느 조직이든 부적합한 직원이 있게 마련인데, 이런 상황이 벌어지는 핵심 이유는 채용 오류입니다. 미국의 금융회사 캐피털 원 파이낸셜의 공동 창업자 겸 CEO 리처드 페어뱅크(Richard Fairbank)는 "대부분의 기업은 주어진 시간의 2퍼센트를 직원 채용에 쓰고, 75퍼센트는 채용 오류를 수습하는 데 쓴다"고 말합니다. 경영자 가운데 상당수는 어떤 사람을 적임자라고 판단해 채용했는데 시간이 지날수록 잘못 채용했다는 생각이 들면서 후회와 자책으로 힘들었던 경험을 갖고 있습니다. 아무리 경험이 많은 인사 담당자도 채용 실패율을 30퍼센트 이하로 떨어뜨리기가 쉽지 않습니다.

물론 채용 과정에만 문제가 있는 것은 아닙니다. 기업은 시장의 변화에 따라 제품과 서비스뿐 아니라 조직구조 자체를 대폭 바꾸기도 합니다. 그런데 이렇게 조직과 사업의 방향이 바뀔 경우 적응하지 못하는 사람들이 생기게 마련입니다. 특히 요즘처럼 경영 환경이 급변하면 적응하지 못하거나 부적합한 직원들이 큰 폭으로 증가하게 됩니다.

이에 따라 기업은 부적합한 직원들이 생기지 않도록 교육과 자기계발을 통해 직원들의 역량을 최대한 끌어올리려고 애를 씁니다. 물론 스스로 노력해서 역량을 끌어올리는 직원들도 있죠. 하지만 대부분의 직원들은 문제의 심각성을 깨닫지 못하고 현재에 안주합니다.

그런데 회사의 지속적인 노력으로도 역량을 끌어올리지 못하는 직원이 있다면 과감히 내보내야 합니다. 사람이 건강한 몸을 만들려면 군살을 빼야 하듯이 말입니다. 기업이 부적합한 직원들을 계속 방치하면 업무의 흐름이 원활하지 않아 생산성과 성과가 떨어질 수밖에 없습니다.

하지만 우리 주변에는 이러한 인적 쇄신을 단행하지 못하는 기업들이 많습니다. 장기근속 직원들을 내보내면 회사의 강점 중 하나인 조직의 충성도가 흔들릴지도 모른다는 우려 때문입니다. 또한 인력이 교체되는 과정에서 피할 수 없는 업무 공백도 인적 쇄신을 어렵게 만드는 요인입니다. 그러나 역량이 부족한 사람들을 남겨둔다는 것은 쇠사슬의 약한 고리를 강한 고리로 교체하지 않고 그대로 사용하는 것과 같습니다. 결국 더 강한 힘으로 쇠사슬을 당기면 약한 고리 부분이 끊어지고 맙니다.

비정함이 아닌 엄격함으로

● ● ● ● ● ●

미국 스탠퍼드 대학교 경영대학원 짐 콜린스 교수는 자신의 책 『좋은 기업을 넘어 위대한 기업으로』에서 위대한 기업으로 도약한 기업들은 비정하지는 않지만 엄격한 기업 문화를 가지고 있다고 말합니다. 자신의 기업과 맞지 않는 구성원을 내보내는 것은 비정한 것이 아니라 엄격한 것인데, 위대한 기업에는 엄격함이 기업 문화로 강하게 뿌리내려 있다는 것입니다. 짐 콜린스는 경영자가 비정함과 엄격함을 혼동한다면 혁신을 단행할 수 없다고 단언합니다.

짐 콜린스에 따르면 '비정한' 것은 납득할 만한 기준 없이 사람들을 제멋대로 해고하는 것입니다. 이에 반해 '엄격한' 것은 정해진 기준에 따라 부적합한 구성원을 퇴출시키는 것입니다. 퇴출에는 고위임원도 예외가 될 수 없습니다. 이렇듯 비정함은 직원을 해고하는 것 자체가 아니라 불분명하고 자의적인 기준을 적용해 직원을 내보내는 것입니다. 구글과 페이스북 등의 글로벌 기업들은 업무의 양이 많고 질이 높기 때문에 엄격한 기준을 가지고 직원들을 대합니다. 어떤 사람이 회사가 원하는 기준에 미치지 못할 경우 직급에 상관없이, 비록 최고경영자라 해도 해고합니다.

가끔 직원에 대한 배려 운운하며 해고를 부정적으로 생각하는 사람들을 접합니다. 하지만 기업은 온정으로 성장하는 것이 아닙니다. 따라서 경영자는 불편한 상황을 회피하려는 심리를 배려로 착각하는 것은 아닌지 늘 경계해야 합니다.

국내 기업의 경우 아직까지 엄격함보다는 온정주의가 더 강하게 작용합니다. "그동안 같이 고생했는데 어떻게 내보낼 수 있느냐"며 스스로 조직을 떠나기 전까지는 해고하지 않으려 합니다. 하지만 직원과 기업은 철저한 계약 관계입니다. 가족이나 친구, 선후배, 이웃과 같은 관계가 아닙니다.

온정주의 조직문화가 개선되지 않는다면 기업은 성장에 어려움을 겪을 수밖에 없습니다. 약한 고리를 그대로 둔다면 조직 전체의 경쟁력이 떨어지기 때문입니다. 경영자가 부적합한 직원의 퇴출을 망설이는 것은 조직의 가치를 훼손하고 사업의 발전을 가로막는 것과 같습니다. 따라서 경영자는 기본적으로 엄격한 기준을 적용하지 않는 관용을 멀리해야 합니다.

기업에서는 인재 한 명 한 명의 역량 못지않게 역량의 균일성이 업무 효율에 큰 영향을 미칩니다. 조직은 구성원들의 역량 편차가 적을수록 생산성이 높아지고 성과도 늘어나게 돼 있습니다. 따라서 사업이나 조직의 책임자는 조직에 부적합한 사람들을 최단 시일 안에 내보내고 그 빈자리를 적합한 사람으로 채워 넣어야 합니다. 기업은 적합한 인재들을 채워 넣는 과정에서 성장하고 발전합니다. 짐 콜린스의 주장처럼 "사람이 가장 중요한 자산이 아니라 적합한 사람이 가장 중요한 자산"이기 때문입니다.

미국 야구의 전설,
빌리 빈 단장의 꼴찌 탈출기

임원 승진의 필수 조건, 팀 구축 능력

• • • • • •

연말은 임원들에게 칼바람이 부는 시기입니다. 기업마다 임원 승진 인사를 발표하기 때문입니다. 어떤 이사는 상무로 승진 발령을 받기도 하지만, 어떤 상무는 계열사로 좌천되기도 하죠. 임기 연장 통보를 받지 못해 짐을 싸는 임원들도 적지 않아 연말 사무실 분위기는 살얼음판을 벗어나기 어렵습니다.

기업에서 임원 승진 기준은 각양각색입니다. 외국계 기업과 국내 기업이 다르고, 대기업과 중소기업이 다릅니다. 회사를 둘러싼 외부 환경과 내부 사정에 따라 임원이 해결해야 할 과제나 이를 해결하기 위해 갖춰야 할 역량이 저마다 다르기 때문입니다. 또 최고경영자가 어떤 경영 전략을 채택하는가도 임원 평가 기준에 영향을 미칩니다. 기업에서 최고경영자가 바뀌면 주요 임원이 대거 교체되는 이유도 여기에 있습니다.

따라서 임원 승진과 평가 기준에서 어느 것이 절대적으로 중요하다고 단정하기가 어렵습니다. 아마 100명의 전문가에게 "어떤 기준으로 임원 승진 후보를 평가하겠느냐?"고 묻는다면 100개의 각기 다른 답이 나올지도 모릅니다. 최고경영자가 기업이 처한 상황을 감안해 다양한 승진 기준 가운데 하나를 선택하면 되는 것이지 애초부터 정답은 없다는 뜻입니다.

그러나 임원으로 승진하는 데 공통적으로 요구되는 역량은 있습니다. 바로 탁월한 팀을 구축하는 역량입니다. 일반적으로 리더의 성공을 좌우하는 핵심 요인은 스타플레이어의 개인기가 아니라 팀의 유효성입니다. 팀의 유효성이 성공 요인의 80퍼센트를 차지한다는 연구 결과도 있습니다. 그만큼 팀 빌딩은 리더의 성공에 결정적인 영향을 미칩니다.

빌리 빈은 어떻게 꼴찌 팀을 최고로 만들었을까

● ● ● ● ● ● ●

미국 야구계의 전설로 불리는 빌리 빈(William Beane)은 변방의 프로야구 구단을 일약 명문 구단으로 탈바꿈시켜 미국 프로야구의 역사를 새로 쓴 인물입니다. 그는 1998년 미국 메이저리그에서 가장 가난한 구단이었던 오클랜드 어슬레틱스의 단장을 맡았습니다.

1901년 창단해 오랜 역사와 전통을 자랑하던 오클랜드 어슬레틱스는 1990년대 이후 구단주가 긴축재정 정책을 펴면서 만년 하위 팀으로 전락하고 말았습니다. 뉴욕 양키스나 보스턴 레드삭스 같은 부자 구단과 달리 적은 비용으로 구단을 운영하면서 뛰어난 선수를 영입하지 못했기 때문입니다. 이처럼 열악한 상황에서 단장을 맡게 된 빌리 빈은 약체 구단을 4년 연속 플레이오프에 진출시키는 기적을 만들어냈습니다.

어떻게 이런 기적이 가능했을까요? 구단이 운영비를 크게 늘렸을까요? 아닙니다. 구단의 긴축 정책은 변함이 없었습니다. 오클랜드 어슬레틱스가 리그 꼴찌를 벗어나 플레이오프에 진출했을 때도 선수들의 평균 연봉은 여전히 메이저리그 최하위 그룹에 속했습니다. 뉴욕 양키스의 3분의 1이 채 안 될 정도였으니까요. 이런 상황에서 빌리 빈은 어떻게 메이저리그 최고의 승률을 기록할 수 있었을까요? 해마다 천문학적인 스카우트 비용을 쓰면서 최고의 선수들을 영입하고 있는 부자 구단들과의 경기에서 어떻게 이길 수 있었을까요?

오클랜드 어슬레틱스 구단이 대성공을 거둔 비결은 팀 구성 역량이 뛰어난 단장을 임명한 것이었습니다. 빌리 빈은 선수 평가 방식을 대전환해 팀 구성을 획기적으로 바꿨습니다. 그는 메이저리그의 오랜 경기 데이터를 꼼꼼히 분석해본 결과 득점을 늘리려면 타율이 높고 홈런을 잘 치는 선수가 아니라 출루율이 높은 선수를 기용해야 한다는 결론에 도달했습니다.

이에 따라 그는 발이 느리더라도 선구안이 좋은 선수를 뽑았습니다. 투수도 구속이 빠르고 방어율이 높은 선수 대신 볼넷 허용 비율이 낮고 유인구를 던져 타자를 잘 속이는 선수를 선택했습니다. 그렇게 그는 자신의 전략과 구단의 문화에 가장 적합한 선수들을 모았습니다. 저평가된 선수를 발굴해 스타로 키운 뒤 부자 구단에 비싸게 팔아 많은 이적료를 벌어들이기도 했습니다. 빌리 빈은 이렇게 부족한 재원에도 불구하고 팀의 재구성을 통해 탁월한 성과를 창조했습니다.

중요한데도 잘 안 되는 팀 빌딩 문제

● ● ● ● ● ●

놀라운 성과를 거두는 기업은 어떤 점이 다를까요? 사람들은 흔히 스티브 잡스나 제프 베조스 같은 능력이 뛰어난 스타플레이어를 보유한 기업이 성과가 좋을 것이라고 생각합니다. 그러나 일반적으로 스타플레이어보다 평균 이상의 성과를 내는 임직원이 많은 기업이 좋은 성과를 거둡니다.

홈런을 잘 치는 선수 한두 명 있다고 야구 경기에서 승리하기는 쉽지 않습니다. 마찬가지로 기업도 스타플레이어 한두 명으로는 원하는 성과를 거두고 지속적인 성장을 하기 어렵습니다. 기본적으로 사람은 혼자 일할 때보다 팀으로 일할 때 제 기량을 발휘할 수 있기 때문입니다. 기업들이 개인의 성과보다 공동의 목표 달성에 의미를 부여하는 보상 정책을 시행하는 이유도 팀 빌딩의 중요성 때문입니다. 이 때문에 임원의 가장 중요한 과제는 탁월한 팀을 구축하는 것입니다.

기업이 연말에 임원을 승진하고 발탁할 때 역량 평가의 핵심 기준으로 팀 구축 능력을 살펴보는 이유는 무엇일까요?

첫째, 임원 가운데 상당수가 팀 구축의 중요성을 알고 있으면서도 실제로는 큰 관심을 두지 않기 때문입니다. 기업들이 연말에 고위간부를 평가할 때 많은 요소를 검토하지만 평가에 결정적인 영향을 미치는 요소는 성과입니다. 그런데 성과의 내용이 모두 똑같은 것이 아니라 천차만별입니다. 또한 성과의 질을 결정하는 것 중 하나가 지속성인데, 조직력이 뒷받침되지 않은 성과는 지속되기가 어렵습니다.

일부 임원들이 한두 번 놀라운 성과를 내기는 하지만 계속 이어가지 못하는 이유도 여기에 있습니다. 단기 성과에 연연해 조직을 무리하게 가동하다 조직력이 무너지고 직원들이 이탈하면서 성과가 반 토막이 나는 것입니다. 팀 구축의 중요성을 강조하는 것도 이 때문입니다. 좋은 팀은 한순간에 만들어지는 것이 아닙니다. 많은 시간을 들여 꾸준히 노력해야 합니다. 이 때문에 당장의 성과를 중시할 수밖에 없는 고위간부 입장에서 미래를 내다보면서 팀 구축에 관심을 쏟기가 어렵습니다.

따라서 지속 성장을 하고 싶은 기업이라면 임원을 평가할 때 성과뿐 아니라 임원이 팀을 어떻게 구축하고 유지하는지를 살피는 것이 매우 중요합니다. 승진 평가에서 팀 구축이 중요하게 반영된다는 점을 회사 구성원들에게 사실상 공개적으로 알리는 셈이니까요.

둘째, 팀 구축은 임원의 역량을 확인할 수 있는 잣대입니다. 물론 팀 구축은 회사의 브랜드나 업무 성격, 연봉이나 근무 환경에 직접적인 영향을 받게 됩니다. 따라서 얼핏 보면 누가 팀을 구축하더라도 내용이 크게 달라지지 않을 것처럼 보입니다. 실제로 팀 구축을 제대로 하지 못한 임원들 중 일부는 "팀 구축에서 내가 할 수 있는 것이 별로 없었다"고 말하기도 합니다.

그러나 오클랜드 어슬레틱스의 빌리 빈 단장처럼 같은 여건이라도 조직의 책임자에 따라 팀이 전혀 다른 모습을 띠는 경우가 많습니다.

팀 구축은 단순히 유능한 인재를 모으는 일이 아닙니다. 스타플레이어를 모아놓았다고 모두 드림팀이 되는 것은 아닙니다. 조직은 구성원들이 공동의 목표에 동의하고 자발적으로 목표 달성을 위해 노력할 때 좋은 성과를 거둘 수 있습니다. 가끔 화려한 경력의 선수를 자랑하는 프로 구단들이 무명의 선수들로 구성된 아마추어 팀에게 지는 것도 이 때문입니다. 아무리 개인 능력이 뛰어난 구성원들이 모여 있다 하더라도 조직원들의 결속력이 약해져 시너지를 발휘하지 못하면 제대로 힘을 쓰지 못합니다.

따라서 임원은 환하게 빛나는 별을 뽑는 것으로 임무를 끝내서는 안 됩니다. 그렇게 뽑은 별이 다른 별들과 어울려 밤하늘을 아름답게 수놓는 별무리가 되도록 만들어야 합니다. 임원은 팀플레이 능력이 뛰어난 직원을 뽑을 뿐 아니라 뽑은 직원이 상사나 동료들과 협업을 잘해서 성과를 낼 수 있도록 조직문화를 바꿔야 합니다. 특히 우수한 팀이 아니라 판을 바꿀 정도의 탁월한 팀을 구축하려면 개성이 강한 스타플레이어들이 합심해서 팀의 목표 달성에 매진할 수 있도록 조직을 이끌어야 합니다.

구글의 '일 잘하는 팀' 만들기

● ● ● ● ● ●

"전체는 부분의 합보다 크다." 아리스토텔레스의 이 말을 조직문화에 적용해볼 수 있습니다. 최고의 인재가 모인 곳, 지속적인 혁신으로 유명한 구글은 탁월한 성과를 내는 팀의 패턴을 찾기 위해 '아리스토텔레스 프로젝트'를 진행했습니다. 4년 넘게 심리학자, 통계학자, 사회학자들이 구글 내의 수백 개 팀을 대상으로 생활 습관, 업무 패턴, 팀원의 성향 등을 다각도로 연구 조사한 결과 마침내 '일 잘하는 팀'의 5가지 원칙을 완성했습니다.

구글의 '일 잘하는 팀'의 5가지 원칙은 업무의 영향력(Impact),

일의 의미(Meaning), 조직구조와 투명성(Structure & Clarity), 신뢰성(Dependability), 심리적 안정감(Psychological Safety)입니다.

첫째, 업무의 영향력은 팀원 개개인이 기업 전체의 성과에 영향력을 미칠 만큼 중요한 일을 하고 있다고 믿어야 한다는 것입니다. 둘째, 일의 의미는 자신이 하고 있는 일이 회사는 물론 자신에게도 의미 있다고 생각하는 것입니다. 회사에는 중요한 일이라도 팀원 본인에게 의미가 없다면 동기부여가 되지 않을 수 있습니다. 셋째, 팀의 목표와 그에 따른 팀원의 역할이 명확해야 합니다. 목표와 역할이 명확하지 않으면 프로젝트를 진행하는 도중에 발생하는 사소한 문제도 제대로 대처하지 못하고 자칫 방향을 잃거나 효율이 떨어질 수 있습니다. 넷째, 일 잘하는 팀이 되려면 팀원들이 서로를 믿어야 합니다. 다른 팀원들도 잘하고 있다는 믿음이 있을 때 자신의 역할에 더욱 집중할 수 있기 때문입니다. 팀원 간에 신뢰가 생기려면 서로 자유롭게 말하고 행동할 수 있어야 합니다. 즉, 팀원들이 사소한 아이디어라도 부담 없이 개진하고, 자신의 의견을 솔직하게 피력하며, 서로 칭찬하고 배우는 분위기에서 더욱 자신감과 도전 정신이 생긴다는 것입니다.

마지막으로 심리적 안정감은 팀원들의 관계에서 비롯되는 것입니다. 실수를 해도 비난받지 않을 거라는 믿음을 가지고 서로를 칭찬할 때 위험을 감수해서라도 새로운 것에 도전하려는 마음이 생깁니다. 따라서 팀에서 혁신적인 아이디어를 내는 데는 심리적 안정감이 가장 중요합니다. 그리고 이러한 팀 문화를 만드는 것이 임원이나 리더의 역할입니다.

급변하는 기업 환경에서 아마존, 구글 등 글로벌 기업이 성공할수 있었던 요인은 '뛰어난 역량을 가진 인재'와 그들이 '최고의 재능을 발휘할 수 있는 팀 문화'를 만들었기 때문입니다.

글로벌 기업들이 최고의 인재 한두 명이 아니라 전 직원이 최고가 되는 기업, 성과를 낼 수 있는 일 잘하는 팀을 만드는 데 오랜 시간과 비용을 투자하는 이유도 그만큼 중요하기 때문입니다. 기업에 필요한 임원, 최고경영자가 승진시키고 싶은 간부도 바로 이런 팀을 구축하는 사람들입니다.

성장 정체 원인의 87퍼센트는 내부에 있다

성장 정체에 빠지는 이유

• • • • • • •

경영 컨설팅 네트워크인 코퍼레이트 이그제큐티브 보드(CEB)의 대표 매슈 올슨(Matthew S. Olson)은 자신의 책『스톨 포인트(Stall Point)』에서 미국의 500개 기업을 대상으로 언제 성장 정체가 왔는지, 그 이유가 무엇인지를 조사한 결과를 밝혔습니다. 경영학에서는 성장 정체 지점을 '스톨 포인트'라고 합니다. '스톨(Stall)'은 항공기가 서서히 속력을 잃고 항공기 중량을 지탱할 정도의 뜨는 힘이 부족해져서 추락하는 것을 일컫는 말이며, 이 스톨에 빠지기 직전 일촉즉발의 임계점을 스톨 포인트라고 합니다. 애초 항공업계에서 쓰이던 용어를 경영학자들이 가져다 쓴 것이죠.

매슈 올슨의 조사 결과에 따르면 조사 대상 기업의 87퍼센트가 스톨에 한 번 이상 빠졌고, 특히 기업 규모가 크고 거대 기업에 가까워질수록 스톨 현상을 많이 경험한 것으로 나타났습니다. 흥미로웠던 것은 스톨, 즉 성장 정체 원인의 87퍼센트가 내부에 있었다는 겁니다. 기술 혁신 실패, 구조적 문제, 인재 부족, 나아가 시장 선두를 차지하고 있다는 과신, 핵심 사업의 포기 등 시장이 새롭게 변하고 있는데도 경영자들이 아무런 대책을 세우지 않아 스톨에 빠졌다는 것이죠.

문제는 스톨에 한번 빠지면 벗어나기까지 오랜 시간이 걸리고 영원히 벗어나지 못하는 기업도 상당수라는 점입니다. 스톨에 빠진 기업의 89퍼센트는 기업들의 평균 성장률(6퍼센트)을 회복하지 못했습니다. 따라서 매슈 올슨은 기업이 스톨에 빠지지 않으려면 경영자들의 역할이 매우 중요하다고 이야기합니다. 스톨의 조짐을 미리 파악하고 대책을 세워 성장 궤도에서 벗어나지 않는 것이 중요합니다.

'지속 성장'은 모든 기업의 궁극적인 목표일 것입니다. 성장 정체에 빠지지 않고 지속적으로 성장 궤도를 유지해야 100년 기업을 도모할 수 있기 때문입니다. 현재 글로벌 기업들이 전례 없는 인재전쟁을 벌이고 있는 것도 지속 성장을 위한 혁신에 성공하기 위해서입니다.

좀 더 열심히 일하면 성장 정체를 벗어날 수 있을까

● ● ● ● ● ● ●

기업이 성장 정체기에 접어들면 경영진은 먼저 회사 안팎을 들여다보기 시작합니다. 무엇이 잘못됐는지 확인하고 개선하려는 것이죠. 영업이 잘되고 있는지, 마케팅이 제대로 이뤄지고 있는지 분석합니다. 또 제품에 문제가 없는지도 살펴본 다음 영업을 독려하고 마케팅을 강화하고 신제품 개발에 나섭니다.

이런 노력에도 문제가 해결되지 않으면 경영진은 시장 자체의 한계를 생각합니다.

'시장은 더 이상 커지지 않는데 경쟁자는 계속 늘어 포화 상태인 것은 아닐까?' '하루라도 빨리 새로운 블루오션을 찾아 나서야 하지 않을까?' 이런 고민 끝에 다른 사업 분야를 모색하거나 인수합병으로 돌파구를 찾으려고 합니다. 그렇게 해서 일부 기업들은 오랫동안 영위해왔던 사업을 과감히 버리고 새로운 사업에 뛰어들기도 합니다.

그러나 매슈 올슨의 조사 결과에서도 나타났듯이 성장 정체를 벗어나기는 쉽지 않습니다. 기업이 성장 정체에 빠졌을 때 경영진이 영업과 마케팅을 강화하고 신상품을 내놓는 것은 한마디로 더 열심히 하자는 뜻입니다. 임직원들에게 좀 더 열심히, 좀 더 많이, 좀 더 적극적으로 일하라고 요구하는 것이죠. 그러나 과거보다 더 열심히 일하는 것만으로 성장 정체의 깊은 늪에서 벗어날 수 있을까요? 임직원들은 이미 충분히 열심히 일하고 있는 것은 아닐까요?

그렇다고 신규사업이 성장 정체의 탈출구가 된다는 보장도 없습니다. 기업이 새로운 사업에 뛰어들어 오래전에 기반을 구축한 경쟁자들 틈에서 자리 잡기는 더욱 어렵습니다. 이 때문에 신규사업을 시작하는 기업 중 상당수는 투자 리스크를 줄이기 위해 소극적으로 접근합니다. 그러나 전력투구를 해도 성공하기가 쉽지 않은 상황에서 한 발 걸치기 식으로 진행한다면 신규사업은 애초부터 성공을 기대할 수 없습니다.

세상은 시시각각 변하는데 기업의 혁신은 구호에 그치고 성장 정체의 신음 소리는 커져만 갑니다. 그래서 요즘 경영자들의 가슴을 들여다보면 시커먼 숯덩이로 가득 차 있을 것이라는 상상을 해보게 됩니다. 상황은 계속 악화하고 있는데 탈출구는 보이지 않으니 속이 타들어 가는 것이죠.

그런데 기업들은 왜 일단 성장 정체에 빠지면 벗어나는 데 어려움을 겪을까요? 가장 큰 이유는 기존의 시각에서 벗어나지 못하기 때문일 것입니다. 기존의 시각에서는 문제점이 보이지 않으니 당연히 해법도 찾을 수 없는 것이죠.

스톨 포인트를 벗어나는 법

● ● ● ● ● ●

그렇다면 어떻게 해야 기업이 경영혁신에 성공하고 성장 정체를 탈피할 수 있을까요? 어떻게 해야 다른 관점으로 접근해 문제점을 찾을 수 있을까요? 해법은 바로 사람, 즉 인적 혁신에 있습니다.

기업의 모든 활동은 사람에서 시작해 사람으로 끝납니다. 영업을 하는 것도, 마케팅을 하는 것도, 신제품을 개발하는 것도 사람입니다. 따라서 임직원들의 성장이 멈추는 순간 기업도 함께 정체에 빠지게 됩니다. 영업과 마케팅이 원활하게 이루어지지 않고 신제품 개발이 더딘 것도 따지고 보면 사람의 문제입니다.

이렇게 가장 중요한 요인은 제쳐놓고 다른 요인만 개선하겠다고 애를 쓰고 있으니 문제가 해결되지 않는 겁니다. 기본적으로 성장 정체를 벗어나는 지름길은 임직원들의 총체적 역량을 끌어올리는 것입니다. 그렇다면 인적 혁신을 위해 무엇을 점검하고 어떻게 개선해야 할까요?

첫째, 회사가 성장발전에 필요한 최고의 인재를 충분히 확보하고 있는지 점검해야 합니다. 치열한 경쟁과 급변하는 시장환경에 대처하려면 임직원의 수준이 경쟁 회사에 뒤지지 않아야 합니다. 특히 각 사업 단위나 부서 책임자들의 역량이 부족하다면 경쟁력이 떨어질 수밖에 없습니다. 경영진이 우수한 임직원을 지속적으로 확보하지 않는 기업은 임직원들의 수준이 경쟁사보다 뒤질 수밖에 없습니다.

둘째, 회사에 필요한 인재가 여러 분야에 골고루 포진되어 있는지 확인해야 합니다. 일반적으로 기업에는 최고경영자와 비슷한 성향을 가진 사람들이 많습니다. 최고경영자가 영업 출신이면 영업 전문가들이 많고, 재무를 중시하면 재무에 강한 임직원들이 많습니다. 어린아이들이 잘 크려면 편식하지 않고 골고루 영양을 섭취해야 하는 것처럼 기업도 성장하기 위해서는 다양한 분야의 우수한 인재가 필요합니다. 따라서 회사의 인재가 특정 분야에 편중되어 있는 것은 아닌지 살펴보세요. 특정 분야가 아니라 다양한 분야에 필요한 인재들이 적절하게 배치돼 있는지 점검해볼 필요가 있습니다.

셋째, 인적자원이 정체되지 않고 제대로 순환되고 있는지 살펴봐야 합니다. 혁신은 기본적으로 다르게 보는 데서 시작됩니다. 같은 사람이 같은 시각으로 보면 문제점을 찾을 수 없습니다. 말하자면 무엇을 혁신해야 하는지를 알지 못합니다. 따라서 한 사람이 오랫동안 한 부서에 머물러 있다면 그의 업무 성과가 나쁘지 않더라도 자리를 교체하는 것이 좋습니다. 이럴 경우 단기적으로는 조직 내 효율성이 떨어질 수 있지만 시간이 지날수록 혁신의 효과가 커질 것입니다.

새로운 눈, 성장 정체 탈출의 실마리

● ● ● ● ● ●

인적자원을 점검하는 과정에서 드러난 문제점은 과감하게 개선해나가야 합니다. 인재투자는 비용이 적게 들면서도 설비 투자나 기술 투자보다 효과가 훨씬 더 빠르고 큽니다. 따라서 최고경영자는 조직의 인적 구조를 살펴본 다음 필요할 경우 선발기업에서 우수한 인재들을 영입할 필요가 있습니다.

특히 임원이나 간부급을 영입하면 인재투자 효과가 크게 나타납니다. 따라서 우선적으로 사업 단위나 부서의 책임자를 중심으로 평가해서 경쟁 회사에 비해 업무 역량이 현격하게 뒤처지는 사람들부터 교체해나가는 것이 좋습니다. 또 영업이나 마케팅, 상품개발과 같이 매출과 직접 관련된 분야뿐 아니라 기획, 전략, 인사, 재무 등 간접 부서에도 경험이 많은 책임자급 인재를 영입해보세요.

인적 혁신에서 효과를 거두려면 무엇보다 책임자를 잘 선정해야 합니다. 이 때문에 무엇보다도 최고경영자와 호흡을 맞추면서 사명감을 가지고 인적 혁신을 추진할 전문가를 영입하는 것이 중요합니다. 어떤 의미에서는 적합한 책임자를 영입하는 것이 인적 혁신의 최대 과제일 수도 있습니다. 물론 아무리 뛰어난 역량을 갖고 있는 전문가라도 새로운 조직에서 단기간에 성과를 창출하기는 쉽지 않습니다. 이때 중요한 것이 최고경영자의 의지입니다. 혁신의 책임자에게 힘을 실어줌으로써 최고경영자의 의지를 직원들에게 전달할 필요도 있습니다.

인적 혁신은 단기간에 이룰 수 없고, 제품이나 설비, 기술을 바꾸는 것보다 훨씬 어렵습니다. 목표와 계획, 실행이 유기적으로 맞아떨어져야 성공할 수 있기 때문에 2~3년에 걸쳐 단계적으로 추진해야 합니다.

성장 정체를 벗어나기 위한 인적 혁신은 궁극적으로 기존과 다른 시각으로 보는 작업입니다. 최고의 인재를 영입하거나 한 부서에서 오래 근무한 임직원들을 교체하는 것은 회사의 업무를 새로운 시각으로 보기 위해서입니다. 이처럼 새로운 시각으로 보는 사람들이 많아질 때 혁신에 성공할 수 있고, 성장 정체 탈출의 실마리도 찾을 수 있습니다.

지속 성장이 가능한 시스템
어떻게 만들 것인가

벤처기업의 10년 생존율 8퍼센트

● ● ● ● ● ●

미국 실리콘밸리에는 제대로 갖춘 사무실도 없이 차고에서 친구 서너 명과 함께 시작해 세계적인 기업으로 성장한 회사들이 많습니다. 대표적인 기업이 구글과 페이스북이죠. 벤처기업으로 시작한 구글은 창립한 지 20년, 페이스북은 웹사이트를 개설한 지 14년 만에 글로벌 기업의 반열에 올랐습니다.

수많은 벤처기업이 구글과 페이스북을 꿈꾸며 사업을 시작합니다. 그러나 벤처기업은 성장 속도가 빠른 데 비해 도산할 확률 또한 큽니다. 왜냐하면 사업 규모는 1년에 2배 이상씩 커지는 데 반해 인력과 조직의 역량은 성장 속도를 따라가지 못하기 때문입니다. 실패한 기업 중에는 연평균 성장률이 30퍼센트를 웃돈 곳도 있습니다.

'3년 후 41퍼센트, 10년 후 8퍼센트.'

우리나라 벤처기업의 생존율입니다. 창업 후 단 몇 년 만에 급성장하는 벤처기업은 많지만, 10년 이상 살아남는 기업은 많지 않습니다. 벤처기업의 생존율이 낮은 가장 큰 원인은 시장 변화에 대처하는 데 필요한 인력을 제대로 수급하지 못하기 때문입니다. 사업 방향이 달라지거나 주력 제품이 변할 때마다 조직원들에게 요구되는 업무 역량도 바뀌는데, 이 같은 요구가 계속되면서 직원들은 혼란을 겪게 됩니다. 신입 직원은 기존의 조직문화에 적응하지 못하고, 기존 직원들은 안정을 찾지 못하면서 업무 효율이 급격히 떨어지는 것입니다.

사업이 커지고 회사의 매출이 급성장하면 필요한 인력도 계속 늘어나게 됩니다. 하지만 직원 수를 채우는 데만 급급하다 보면 안정적으로 인력을 운용하기가 어렵습니다. 특히 창업 초기에 열정과 헌신으로 기여했던 직원들이 이탈하면서 조직문화가 바뀔 경우 조직에 비효율이 자리 잡기 시작합니다.

특히 기업의 규모가 커지면 CEO의 역할, 커뮤니케이션 방식, 업무 처리 방식, 조직문화, 조직구조, 인재관리 등 기존의 모든 것들이 더 이상 통하지 않게 됩니다. 대부분의 벤처기업이 성장 동력을 잃고 시장에서 사라지는 이유는 이러한 조직 안팎의 급격한 변화에 제대로 대처하지 못했기 때문입니다.

성장통을 극복하는 법

• • • • • •

"벤처기업이 살아남으려면 성장통을 관리해야 한다." 중소 벤처 기업 전문가들이 입버릇처럼 자주 하는 말입니다. 일반적으로 기업의 수명 주기는 도입기, 성장기, 성숙기, 회복기, 쇠퇴기 5단계로 나눌 수 있는데, 전문가들은 성장기에 관리 문제가 드러나면서 경영성과가 떨어지는 것을 성장통으로 간주합니다.

벤처기업을 처음 시작할 때는 제품이나 서비스 개발에 집중하느라 인재 육성과 조직관리에 신경 쓸 여력이 없습니다. 초기에는 직원이 많지 않기 때문에 창업자 혼자서도 직원들과 충분한 커뮤니케이션이 가능합니다. 하지만 직원이 100명을 넘어서면 CEO의 의사를 정확하게 조직 전체에 전달하기가 어려워집니다. 또 계획성 없는 투자로 조직이 방만해지면 효율적인 관리에 애를 먹게 됩니다.

회사의 규모가 커지면서 신입사원들이 대거 유입되지만 인력의 공백은 잘 해결되지 않습니다. 기존 직원들이 조직의 변화에 적응하지 못하고 떠나기도 하고, 신입 직원들이 기존 직원과 마찰로 입사한 지 얼마 되지 않아 이탈하기도 합니다. 가장 큰 문제는 시스템의 부재입니다. 주먹구구식 업무 처리 방식 때문에 우수한 인력이 유입되지 않을뿐더러 내부 인력 양성도 곤란을 겪게 됩니다.

많은 창업자들이 독창적인 제품과 서비스만으로 충분히 고객을 확보할 수 있으리라 생각합니다. 그러나 제품이나 서비스만으로는 고객 확보가 쉽지 않습니다. 또 사업이 안정기에 이르기까지 상당한 시간이 걸립니다. 이 과정에서 자금이 소진되고 핵심인력이 이탈하면 기업은 위기에 봉착하게 됩니다.

이처럼 사업 초기의 어려움을 극복하고 매출이 늘어나고 있는데도 성장 엔진이 꺼지는 벤처기업들이 적지 않습니다. 본격적으로 확장 국면에 접어들었지만 더 이상 성장하지 못하는 것입니다. 그렇다면 어떻게 해야 중소 벤처기업이 성장통을 극복하고 지속적 혁신이 가능한 시스템을 구축할 수 있을까요?

첫째, 조직을 전문화할 인재를 영입해야 합니다. 창업 초기에는 창업자뿐 아니라 대부분의 직원들이 직무나 부서 구분 없이 다양한 업무를 수행합니다. 업무 분야마다 인력을 충원할 여유가 없기 때문입니다. 이들은 열정과 헌신으로 전문지식이나 경험이 없는 일도 무리 없이 해냅니다. 사업 규모가 크지 않기 때문에 이런 조직구조가 오히려 효율적이고 결과 또한 나쁘지 않습니다.

그러나 사업 규모가 커지면 한 사람이 여러 업무를 하기에는 너무 복잡하고 고객의 요구 사항도 늘어납니다. 이때 해당 분야의 지식과 경험을 갖춘 전문 인력이 투입되어야 효율적으로 업무를 처리하고 고객 만족도와 생산성을 높일 수 있습니다.

전문 인력을 영입할 때 가장 큰 문제점은 창업 초기부터 함께한 직원들과의 갈등입니다. 조직이 세분화하고 직무 전문성이 강조되면 기존의 직원들은 입지가 좁아질 수밖에 없습니다. 단시간에 전문성을 끌어올릴 수 없는 상황에서 책임자 자리는 대부분 신규 직원들로 채워질 가능성이 큽니다. 그렇게 되면 창업 초기부터 참여한 직원들 사이에서는 '회사가 커지자 경영진이 변했다'는 불만이 나오기 시작합니다. 결국 변화된 조직구조에 적응하지 못한 직원들은 성취감을 맛볼 수 있는 다른 곳을 찾아 하나둘 회사를 떠납니다.

창업 초기의 직원들은 회사에 필요한 일들을 스스로 찾아 하면서 조직의 빈자리를 메웠습니다. 또한 직무나 부서를 넘나들면서 활발한 소통이 이루어졌습니다. 따라서 이러한 직원들이 회사를 떠나면 조직의 활력이 떨어지게 됩니다. 윤활유 역할을 했던 창업 초기의 직원들이 빠져나가면 부서 간 장벽이 생겨나고 교류가 위축됩니다.

이처럼 신입 직원 영입과 기존 직원의 이탈로 인한 부작용을 최소화하기 위해서는 긴급한 분야부터 단계적으로 전문화를 추진해야 합니다. 중소 벤처기업의 경우 전문화의 필요성과 효과가 큰 분야는 마케팅, 영업, 연구개발, 인사 부문입니다. 이들 분야의 전문 인력부터 영입해 성공 사례를 만든 뒤 다른 분야로 확대해나가는 것이 좋습니다.

중소 벤처기업은 대부분 인사와 노무 분야의 전담 부서를 두지 않고 있습니다. 전담 부서가 있는 기업도 평균 인원은 2명이 채 되지 않습니다. 하지만 총무 담당자가 인사 업무를 같이 맡을 경우 전문성 부족으로 우수한 인재를 뽑는 데 한계가 있습니다. 인사 전략이나 평가 시스템을 제대로 구축하지 않은 상태에서는 인력 운용의 효율성도 떨어질 수밖에 없습니다. 따라서 인사부서를 두기 어렵다면 인사 전문가의 도움을 받거나 전문 기업에 업무를 맡기는 것도 생각해봐야 합니다.

둘째, 임직원을 채용할 때는 조직문화와 장기적 경영 계획까지 고려해야 합니다. 창업 초기의 직원들이 이탈하고 신입 임직원이 대폭 늘어나면 기업의 정체성이 약해지면서 조직문화가 흔들릴 수 있습니다. 회사의 비전이나 창업자의 경영 철학을 가장 잘 알고 이것을 전파하는 역할을 했던 기존 직원들이 빠져나가기 때문에 조직의 구심점이 약화될 수 있습니다.

이러한 문제를 해결하려면 기업 문화에 맞는 임직원을 채용해야 합니다. 정체성이 약해진 상황에서 조직문화에 적합하지 않은 직원들까지 들어오면 혼란이 일어날 수도 있기 때문입니다. 특히 조직에 미치는 영향력이 큰 핵심인재일수록 조직문화에 잘 적응하고 조직의 방침을 잘 수용할 수 있어야 합니다.

대한상공회의소의 조사 결과에 따르면 중소기업 가운데 장기적 경영 계획을 염두에 두고 직원을 채용하는 기업은 36.9퍼센트에 불과하다고 합니다. 상당수가 단기 수요를 충족하기에 급급하다는 것입니다. 단기 수요 인력은 필요성이 사라지면 유휴 인력으로 전락합니다. 따라서 당장의 필요가 아니라 장기적 경영 계획에 따라 신중하게 채용해야 합니다.

셋째, 인력관리와 운용 체계를 강화해야 합니다. 벤처기업의 경우 조직을 최대한 단순화하면서 가급적 규율을 만들지 않으려고 합니다. 조직구조나 의사 결정 과정이 복잡하면 속도가 느리고 통제력을 상실해서 조직력이 약해질 수 있기 때문입니다. 벤처기업 창업자들은 특히 직급을 최소화하고 창업자 1인 체제를 구축하려는 경향이 강합니다. 직급은 관료주의의 상징이자 직원들의 창의력과 업무 의욕을 꺾는 불필요한 요소라고 생각하는 것입니다.

그러나 회사 규모가 커지면 창업자의 이런 방침이 오히려 비효율을 초래합니다. 모든 직원이 경영진을 상대하다 보면 의사 결정이 오히려 늦어지기 때문입니다. 경영진이 모든 직원의 업무를 효과적으로 감독하기도 어렵습니다. 이런 상황을 방치하면 회사는 점점 더 혼돈 상태에 빠져들게 됩니다.

효율적인 관리 체계는 기업의 성장에 불가결한 요소입니다. 회사의 규모와 특성에 맞게 직급과 직책의 체계를 갖추고, 조직구성원들의 역할과 권한과 책임을 명확하게 규정해야 기업의 성장 속도에 맞춰 조직을 운영할 수 있습니다.

벤처기업의 장점을 흡수하라

● ● ● ● ● ●

벤처기업의 창업자들은 조직 개편을 하면 벤처기업 특유의 정체성을 상실하지 않을까 걱정합니다. 규율에 얽매이지 않을 때 나올 수 있는 창의적인 아이디어, 네 일 내 일을 구분하지 않고 달려드는 열정과 헌신, 활발한 커뮤니케이션을 통한 긴밀한 유대감 등이 사라질까 걱정합니다. 기업이 급성장할 수 있었던 것은 이러한 조직문화

덕분이라고 생각하기 때문이죠.

그러나 조직을 세분화하고 인력관리와 운용 시스템을 강화했다고 해서 벤처기업의 정체성을 상실하는 것은 아닙니다. 또한 전문 인력을 영입했다고 해서 창업 초기의 직원들이 모두 회사를 떠나는 것도 아닙니다. 직원이 늘고 조직 규모가 커지는 것에 맞춰 효율적 관리 시스템을 갖추는 것은 불가피한 조처입니다. 단지 중소 벤처기업의 최대 장점인 자발성, 융통성, 빠른 속도, 구성원 간 유대 관계를 얼마나 유지하느냐가 과제일 뿐입니다.

벤처기업의 장점을 흡수한 조직문화를 구축하려면 어떻게 해야 할까요? 먼저 학벌이나 혈연, 지연보다는 능력을 중시하는 분위기를 조성하고 팀 단위로 조직을 구성해 유연한 기업 문화를 만드는 것이 중요합니다. 조직이 커지면 CEO의 비전이 조직 전체에 제대로 전달되기 어렵습니다. 또한 계층적인 조직구조에서는 말단 직원의 참신한 아이디어가 상부까지 전달되어 혁신적인 제품 생산으로 이어지기도 어렵습니다. 따라서 조직을 단순화함으로써 원활한 의사소통 구조를 만들어야 합니다. 인사관리의 투명성과 객관적인 평가 기준에 따른 보상 시스템도 직원들의 동기부여에 중요합니다.

중소 벤처기업은 대부분 비슷한 문제에 맞닥뜨리게 됩니다. 소규모 기업에서 중견 기업이나 대기업으로 성장한 기업들은 이와 같은 성장기의 위기와 약점을 극복하고 지속 성장을 가져다줄 시스템을 구축함으로써 일류 기업으로 거듭날 수 있었습니다.

사장이 반드시 점검해야 할
리더십 파이프라인

웨이터에서 최고운영책임자(COO)까지, 궁극의 인재 육성

● ● ● ● ● ●

2020년 디지털 시대를 맞아 기업들이 혁신과 경영 쇄신을 한다는 기사들이 쏟아져 나오고 있습니다. 그런데 많은 기업들이 기존 사업을 확장하거나 신규사업을 실행에 옮길 시점이 되면 막상 사업을 추진할 리더가 부족함을 느낍니다. 그러고는 "우리 회사에는 왜 이렇게 사람이 없을까"라고 탄식하면서 외부로 시선을 돌립니다. 물론 조직 내부에 마땅한 리더가 없다면 외부에서 영입하는 것이 당연합니다. 하지만 언제까지 필요한 리더를 외부에서만 찾아야 할까요?

기업이 경험과 지식이 없는 생소한 분야에 진출할 때, 한 단계 도

약하기 위한 넓은 안목이 필요할 때, 위기 상황을 돌파해야 할 때 같은 특별한 상황에서는 외부에서 해당 경험이 풍부한 사람을 영입하는 것이 맞습니다. 그러나 경영혁신 차원에서 인적 쇄신을 할 경우에는 내부 직원 중에서 인재를 발탁하는 것이 좋습니다. 외부 인원으로 한꺼번에 교체할 경우 그 과정에서 조직이 불안정해질 수 있고, 내부 사정을 모르는 사람이 조직의 책임을 맡으면 사업의 연속성이 떨어질 수 있기 때문입니다. 누가 책임을 맡느냐에 따라 조직 구조가 크게 달라질 뿐 아니라 사업 내용까지 바뀌는 경우도 많으니까요.

글로벌 기업들이 외부 인재를 많이 채용하는 것 같지만 실제로는 필요한 리더의 90퍼센트를 내부에서 충당합니다. 아무리 역량이 뛰어난 스타급 인재를 영입해도 기업 문화가 다르면 적응하기 어렵고 성과를 내기도 쉽지 않기 때문입니다.

또한 리더급 인재를 계속 외부에서 영입할 경우 내부 직원들이 제대로 성장하기 어렵습니다. 직원들은 더 이상 성장하지 못한다고 판단되면 회사를 떠납니다. 직원들이 직장을 선택하는 핵심 기준 가운데 하나가 '성장하고 발전할 수 있느냐' 하는 것입니다. 직원들에게 연봉이나 복리후생도 중요하지만 배우고 성장할 수 있다는 것도 이에 못지않게 중요합니다. 어쩌면 연봉보다 더 중요한 문제일 수도 있습니다. 특히 리더의 자질이 있는 사람일수록 연봉이나 복리후생보다 개인의 성장 가능성을 더 중요하게 여깁니다.

대부분의 직장인들은 회사에서 성장해서 조직의 리더가 되고 싶어 합니다. 이것을 위해 힘든 것을 참아가면서 새로운 것을 배우고 경험합니다. 따라서 자신이 몸담고 있는 곳에서 리더가 될 수 없다면 남아 있을 이유가 없게 됩니다. 직원이 리더로 성장할 수 없는 기업이라면 우수한 인재를 뽑기도 어렵습니다. 원하는 기업을 선택할 만큼 뛰어난 인재들은 굳이 그런 회사에 입사하지 않을 테니까요.

세계 일류 호텔 체인 메리어트 인터내셔널은 전 세계 6,700개 이상의 호텔과 리조트의 총지배인 대부분을 내부 직원 중에서 발탁합니다. 실제로 총지배인 중 절반은 도어맨부터 시작한 사람들이고, 웨이터로 들어와 최고운영책임자(COO)까지 오른 사람도 있습니다. 그리고 현재 메리어트 인터내셔널 CEO 안 소렌슨(Arne Sorenson)도 직원으로 시작해 최고경영자에 오른 인물입니다.

'호텔왕'으로 불리는 메리어트 인터내셔널 회장 빌 메리어트(Bill Marriott)는 호텔의 성공 비결을 물어보면 "첫째도 둘째도 셋째도 사람"이라고 대답합니다. 메리어트는 행복한 직원이 행복한 고객을 만든다는 경영이념을 바탕으로 직원의 행복을 최우선으로 생각하며 배려하는 기업입니다. 메리어트 인터내셔널이 경제 전문지「포춘」이 선정한 '가장 일하고 싶은 100대 기업'에 20년 연속 오른 것도 이러한 기업 문화 때문일 것입니다.

메리어트인터내셔널은 또 직원들 개개인이 성장할 수 있도록 MDT(Management Development Training)라는 교육 프로그램을 제공합니다. 메리어트의 직원들은 누구나 이 프로그램을 통해 역량을 쌓아 최고의 자리까지 오를 수 있습니다. 경쟁이 치열한 호텔업계에서 메리어트 인터내셔널이 지속적인 성과를 낼 수 있었던 것은 이 같은 내부 인재 육성 프로그램을 통해 지속적으로 새로운 리더가 수혈되었기 때문입니다.

300년 성장을 위한 인재 양성 프로그램

• • • • • •

기업이 지속 성장을 하기 위한 리더십을 확보하려면 첫째, 체계적인 리더십 육성 프로그램을 운영해야 합니다. 회사 내에서 리더로 성장할 수 있는 길을 열어주어야 한다는 뜻입니다. 신입사원으로 들어와서 최고경영자까지 오를 수 있는 리더십 육성 프로그램이 구축돼야 유능한 직원들이 들어오고 장기근속을 하게 됩니다. 또 기업 내에서 체계적인 교육을 통해 경험과 지식을 쌓은 사람이 최고경영자가 되어야 조직을 안정적으로 이끌어나갈 수 있습니다.

특히 최고경영자 자리가 갑자기 공석이 될 경우 기업은 대혼란에 빠질 수 있습니다. 따라서 리더십 공백이라는 위험에 미리 대비하려면 인재를 지속적으로 확보할 수 있는 리더십 파이프라인을 구축해야 합니다. 실제로 글로벌 기업들은 대부분 내부에서 최고경영자를 육성하는 프로그램을 진행하고 있습니다.

세계 최대의 온라인 쇼핑몰 알리바바의 마윈(馬雲) 회장은 자신의 은퇴 시기를 2019년으로 미리 정해두고 10년 전부터 CEO를 양성해왔습니다. 그는 그 이유를 다음과 같이 밝혔습니다.

"나는 48세로, 인터넷 사업을 하기에 어린 나이가 아니다. 인터넷 생태계를 관리할 수 있는 능력을 가진 것은 다음 세대다. 젊은 세대에게 투자하는 것이야말로 미래를 위한 투자이다."

알리바바는 1999년 17명의 직원으로 시작해 현재 직원 8만 6천 명, 시가총액이 4,200억 달러에 달하는 거대 기업으로 성장했습니다. 마윈은 알리바바가 커지면서 CEO 한 사람에게 의존하기보다는 시스템에 의해 움직여야 하고, 사명감을 가지고 일하는 기업 문화와 리더십 파이프라인이 될 수 있는 인재 양성 시스템을 갖춰야 한다고 판단했습니다. 그래야 아시아 최대 기업을 넘어 100년 이상을 존속하는 기업이 될 수 있다고 생각한 것입니다. 마윈은 오랜 고심 끝에 장융(張勇)을 CEO로 지명했습니다. 마윈은 후계자 선정을 하고 난 뒤 다음과 같은 소회를 밝혔습니다.

"10년간 준비해온 계획이 실현됐다. 알리바바는 이제 고도화된 조직문화와 인재 양성 시스템을 갖췄다."

일본 최대 소프트웨어 유통회사이자 IT 투자기업인 소프트뱅크의 손정의 회장은 2010년부터 자신의 후계자를 발굴하기 위해 '소프트뱅크 아카데미'를 세워 운영하고 있습니다. 그는 소프트뱅크 아카데미에서 직원과 외부 인재들을 대상으로 직접 강의하고 민감한 경영 정보까지 나누며 차기 리더를 양성하고 있습니다. 최종적으로 CEO에 발탁되는 것은 단 1명이지만, 손 회장은 이 프로그램을 통해 소프트뱅크에 필요한 리더급 인재들을 계속 확보할 수 있습니다. 그리고 이들이 "300년 동안 성장하겠다"는 손 회장의 꿈을 이뤄줄 것입니다.

일본 대기업에서는 외부 인재 영입으로 인한 내부 갈등이나 전략의 혼선을 미리 방지하기 위해 임원급 리더와 CEO를 조기에 선발해서 육성하고자 하는 움직임이 활발합니다. 소니는 '소니 유니버시티'를 통해, 도요타는 '도요타 인스티튜트'를 통해 자사의 경영 방식과 경영 철학을 전수하고 있습니다.

최고 기업의 6단계 리더십 프로세스

● ● ● ● ● ●

'리더십 파이프라인'이라는 용어를 들어보신 적이 있을 겁니다. 리더십 전문가 램 차란(Ram Charan)이 주장한 것으로 세계 초일류기업들의 인재 양성 프로그램으로 이용되고 있습니다. 램 차란은 스티븐 드로터(Stephen Drotter), 제임스 노엘(James Noel)과 공저한 『리더십 파이프라인(The Leadership Pipeline)』에서 기업의 리더들은 초급 관리자를 거쳐 CEO까지 성장하는 과정에서 6단계의 리더십을 경험한다고 말합니다.

리더십 1단계는 자기 관리에서 타인 관리로, 2단계는 타인 관리에서 관리자 관리, 3단계는 관리자 관리에서 직능 관리, 4단계는 직능 관리에서 비즈니스 관리, 5단계는 비즈니스 관리에서 비즈니스

그룹 관리, 6단계는 비즈니스 그룹 관리에서 기업 관리로 진화 과정을 거친다는 것입니다. 램 차란은 이 단계를 충실히 거친 사람만이 CEO 역할을 제대로 수행할 수 있기 때문에 직원들이 각 단계의 리더십을 차례로 습득하면서 리더십을 키워나가는 것이 중요하다고 강조합니다.

이를 위해서는 단계별로 리더의 역할과 업무 가치가 명확히 규정돼야 합니다. 우리나라 기업에도 리더십 파이프라인이 구축돼 있습니다. 그러나 일부 대기업을 제외하면 직급 체계와 리더십이 제대로 연결돼 있지 않습니다. 직급만 존재할 뿐 각 직급에 맞는 리더십의 역할과 업무 가치가 명확하지 않아 조직 운영에 어려움을 겪을 뿐 아니라 리더를 제대로 육성하지 못하고 있습니다. 왜 그럴까요?

우리나라 기업의 리더십은 대부분 사원~대리급, 중간관리자인 과장급, 팀의 리더인 차장~부장급, 그리고 임원급까지 모두 4단계로 나뉩니다. 사원~대리급은 셀프 리더, 과장급은 파트 리더, 차장~부장은 팀 리더, 임원급은 비즈니스 리더로 설정되어 있습니다. 이처럼 리더십 진화 단계가 너무 크게 나뉘어 있으면 각 단계별 리더십의 역할이나 업무 가치가 포괄적이고 추상적일 수밖에 없습니다. 따라서 단계를 더 세분화할 필요가 있습니다.

그다음으로 직원들이 회사의 리더십 파이프라인을 정확하게 인식하는 것이 중요합니다. 어떤 경로를 거쳐 리더십이 진화하는지, 각 단계별 역할과 업무 가치는 무엇인지를 정확하게 알고 있어야 각자 리더십을 어떻게 발전시켜 나갈지 계획을 세울 수 있습니다. 리더십을 키우기 위해 구체적인 계획을 세우고 실행에 옮기는 직원들이 늘어날 때 기업은 안정적으로 리더를 배출할 수 있습니다. 반대로 직원들이 현 단계의 리더십을 충분히 배우지 못하면 다음 단계의 리더십을 습득하기가 어렵습니다.

직원들이 리더십 파이프라인을 정확하게 인식하면 조직의 안정적 운영과 성과 향상에도 큰 도움이 됩니다. 자신이 어떤 단계에 있는지를 알아야 그 단계에서 해야 할 업무와 역할을 제대로 수행할 수 있기 때문입니다. 사람은 아는 대로 행동하고 아는 만큼 움직입니다. 따라서 자신이 어떤 위치에 있고 어떻게 일해야 하는지 아는 것만으로도 직원들의 언행은 크게 달라집니다.

리더가 없는 회사 vs. 리더를 만드는 회사

● ● ● ● ● ● ●

마지막으로 중요한 것은 직원들이 각 단계에 맞게 리더십을 발휘하고 있는지 꼼꼼하게 점검하고 평가하는 것입니다. 직원뿐 아니라 사장도 자신의 역할을 제대로 수행하지 못하는 경우가 있습니다. 사장이 본부장 역할을 하거나 부장이 과장~차장 업무를 하는 식으로 자신의 직급보다 하위 직급의 업무를 하는 것입니다. 특히 직전 단계에서 역할을 잘한 사람일수록 다음 리더십 단계로 진화하기가 어렵습니다.

이것은 기본적으로 성과를 거둔 기존의 역할을 계속하려는 경향 때문입니다. 우리 주위는 실무자에서 관리자로 직위가 바뀌었는데도 여전히 실무를 맡고 있는 사람들이 있습니다. 이들은 관리자로서 필요한 업무 능력을 갖추지 못한 채 관리자가 된 것입니다. 제대로 리더십을 발휘하지 못해 쩔쩔매는 창업자 2세나 3세 경영자들이 있습니다. 이들은 초급 관리자를 거치지 않은 채 경영 전면에 나섰기 때문에 최고경영자로서 리더십을 발휘하지 못하는 것입니다.

'경영의 신'으로 불리는 마쓰시타 전기산업의 창립자 마쓰시타 고노스케는 "사업은 사람이 전부"라고 말했습니다. 기업에서 사람은 가치를 키우기도 하지만 최대 리스크가 되기도 합니다. 기업이 적임자를 제때 제 자리에 앉히지 못하면 조직은 혼란에 빠지고 사업 방향을 잃기 때문입니다. 리더의 실패는 곧 조직의 실패가 되고, CEO의 실패는 기업의 실패로 직결됩니다. 따라서 직급이 높아질수록 최적의 리더를 배치하는 것이 중요합니다. 단계별로 리더의 역할과 업무 가치를 구체적으로 정한 다음 여기에 적합하지 않은 사람을 골라내고 적임자를 배치하는 것이 최선의 방법입니다.

기업이 리더십 양성 시스템을 갖춘다는 것은 잠재력 있는 직원들에게 리더로 성장할 수 있는 기회를 제공한다는 뜻입니다. 기업에서 리더가 부족한 것은 리더의 자질을 가진 사람이 없는 것이 아니라 리더십 양성 프로그램이 없기 때문입니다.

유능한 리더는 하루아침에 만들어지는 것이 아닙니다. 오랜 기간 경험과 지식을 쌓고 수많은 경쟁과 도전의 과정을 거치면서 점차 리더로 성장하는 것입니다. 그런 점에서 리더십 성장 경로를 체계화해 필요한 리더를 내부에서 배출할 수 있는 시스템을 갖추는 것이 필요합니다.

스티브 잡스와 애플은
왜 유통 전문가에게 미래를 맡겼을까

스티브 잡스와 잭 웰치의 후계자 선택, 무엇이 달랐을까

● ● ● ● ● ●

기원전부터 서양 문명을 지배했던 로마제국이 몰락한 것은 16대 황제 마르쿠스 아우렐리우스(Marcus Aurelius)가 후계자를 잘못 선정했기 때문이라는 분석이 있습니다. 아우렐리우스가 전임 황제들과 달리 무능하고 방탕한 아들 코모두스(Lucius Commodus)를 후계자로 올리면서 로마제국이 쇠퇴의 길로 들어섰다는 것입니다. 한국 재벌 기업의 후계자들이 실패하는 이유도 이것과 크게 다르지 않습니다. 오랫동안 훈련하고 검증하는 과정을 거치지 않고 즉흥적이고 직관적으로 선임하다 보니 적임자가 아닌 사람을 후계자로 세우는 것입니다.

중소기업 강국 일본에서도 기업들이 후계자를 찾는 데 어려움을 겪고 있습니다. 오랜 전통과 세계적인 기술력을 보유한 중소기업의 3분의 1가량이 후계자를 찾지 못해 폐업할 위기에 처해 있습니다. 후계자 선정에 실패할 경우 고용과 생산량이 줄어들면서 일본의 산업 자체가 경쟁력을 잃을 수 있어 일본 재계와 정부의 고민이 깊어지고 있습니다.

반면 GE는 뛰어난 인재들이 최고경영자의 맥을 이어왔기 때문에 126년 동안 성장을 멈추지 않고 초일류기업으로 유지할 수 있었습니다. GE는 'CEO 후계자 양성 프로그램'을 통해 사내 출신의 최고경영자를 선임하는 것으로 유명합니다. 5년 이상 체계적으로 면밀한 검증을 거쳐서 오른 최고경영자가 GE의 혁신 문화를 계승해나가는 것입니다.

GE 역사상 최연소로 최고경영자에 오른 잭 웰치는 10만 명을 해고하는 구조조정을 단행하면서 기업을 핵심인재로 채워나갔습니다. 그리고 6시그마, 세계화, e비즈니스 등의 전략으로 GE를 혁신해 초우량기업으로 재탄생하게 만들었습니다. 잭 웰치의 뒤를 이은 제프리 이멜트(Jeffrey Immelt) 회장 역시 21세기의 창의적인 리더십으로 초일류기업을 성공적으로 운영했습니다. 이멜트 회장은 "우리는 전 세계에서 인재를 찾고 그들이 최대한의 능력을 발휘할 수 있도록 최고의 프로그램을 제공한다"고 강조했습니다.

잘 알려진 것처럼 미국의 뉴욕 허드슨 강변에는 GE의 가장 중요한 자산이 있습니다. 일명 크로톤빌(Crotonville)로 GE의 리더십개발센터(LDC)입니다. 크로톤빌 연수원은 인재 사관학교로 불릴 만큼 많은 CEO를 배출했습니다. GE의 핵심인재 95퍼센트가 크로톤빌에서 교육을 받았습니다. 68년의 역사를 가진 크로톤빌은 GE 혁신의 중심으로 경제 전문지 「포춘」은 '아메리카 주식회사 하버드'라는 별칭을 붙이기도 했습니다. 20년간 GE의 최고경영자로 활동한 잭 웰치는 핵심적인 리더를 발굴하기 위해 이곳을 정기적으로 찾았습니다.

잭 웰치는 9년에 걸쳐 자신의 후계자를 물색했고, 그 결과 제프리 이멜트를 최종 후보자로 선택했습니다. 잭 웰치가 위대한 경영자로 평가받을 수 있는 것은 이처럼 후계자 선정에 성공했기 때문이기도 합니다. 잭 웰치처럼 제프리 이멜트 역시 15년간 혁신과 창의성이라는 기업 정신을 유지하며 GE를 성공적으로 이끌었습니다.

애플은 스티브 잡스 사후에 부침을 겪으리라는 예상을 깨고 미국 주식시장에서 시가총액 1위의 기업이 되었습니다. 이처럼 애플을 가장 비싼 기업으로 만든 것은 스티브 잡스의 후계자로 CEO에 오른 팀 쿡(Tim Cook)입니다. 그런 점에서 스티브 잡스의 주요 성과 중 하나는 아이폰 개발뿐 아니라 팀 쿡을 스카우트하고 자신의 후계자로 선정한 것이라고 할 수 있습니다.

뛰어난 후계자 세우기

● ● ● ● ● ● ●

　기업 경영에서 최고경영자가 차지하는 비중은 막대합니다. 누가 경영을 맡느냐에 따라 기업의 존속이 좌우되므로 최고경영자를 선정하는 것은 가장 중요한 현안입니다. 그러나 대부분의 기업들이 후계자 양성에 적극적이지 않고, 선정 과정 또한 체계적이지 않습니다. 길어야 두세 달, 심지어 한 달 만에 선정하는 경우도 있습니다. 더구나 오너와 지배주주, 이사회 구성원 등 몇몇 소수가 친분이나 성향과 같은 지극히 주관적인 기준으로 결정합니다.

　이와 같은 즉흥적인 선임 방식은 내로라하는 대기업들의 경우도 별반 다르지 않습니다. 공기업에서 민영화한 대기업이나 이렇다 할 최대주주가 없는 금융회사의 경우 CEO가 선임될 때마다 정치적 외압이나 낙하산 인사 논란에 시달립니다. 이들 회사는 CEO가 퇴진하면 회장추천위원회가 구성되는데, 몇 번의 회의와 후보자 인터뷰를 거쳐 두세 달 만에 뚝딱 새로운 CEO를 선임합니다. 더구나 이들 대기업에는 이사회가 있지만 최고경영자를 선정하는 데 가장 큰 영향력을 발휘하는 것은 다름 아닌 오너입니다.

　반면 글로벌 기업의 CEO 선발 과정은 훨씬 더 체계적입니다. 특히 앞서 설명한 대로 GE는 오랜 시간에 걸쳐 철저히 평가하고 검증하는 것으로 잘 알려져 있습니다. GE 이사회 산하의 위원회는 CEO의 임기가 끝나기 6년 전에 차기 CEO 선정 작업에 착수합니다. 회사 안팎에서 뽑은 20여 명의 후보를 검증한 다음 최종적으로 3~4명을 선정해서 이들에게 회사의 주요 사업을 운영하게 하고, 현재의 최고경영자가 수시로 만나 멘토링을 합니다.

글로벌 기업의 CEO 선임 과정에서 눈여겨볼 것은 회사의 비전과 문화에 대한 내부 토론을 거쳐 합의가 이뤄진다는 점입니다. 이들 기업에서 최고경영자 선임은 회사의 성장발전 전략을 세우고 점검하는 과정이기도 합니다. 현재의 전략을 지속할 것인지 아니면 바꿀 것인지, 바꾼다면 어떻게 바꿀 것인지를 검토하는 것입니다. 새로 선임된 CEO는 이때 합의된 전략을 수정 보완해 실행해나갑니다.

전문가들이 한국 기업들에게 하루빨리 CEO 승계 시스템을 갖춰야 한다고 강조하는 것도 이 때문입니다. 시스템에 따라 최고경영자를 선임하는 회사와 그렇지 않은 회사의 차이는 상당히 큽니다. 당연한 얘기지만 체계적 절차를 거쳐 CEO를 선임하는 회사는 지속성장 가능성이 훨씬 더 높습니다.

애플이 팀 쿡에게 기대한 것

● ● ● ● ● ●

이렇듯 CEO가 임기 중에 해결할 핵심 과제는 자신의 뒤를 이을 최고경영자를 세우는 것입니다. 이를 위해 맨 먼저 자격 조건부터 정립하고 어떤 역량이 필요한지 정확하게 규정해야 합니다. 예를 들어 회사의 성장발전을 위해 기술개발이 중요하다면 기술 분야의 지식을 갖춘 사람을 발굴해야 합니다. 재무구조를 개선해야 한다거나 사업 확장에 필요한 자금을 조달하는 것이 중요한 과제라면 재무적 역량을 갖춘 사람을 선택해야 합니다. 디자인 개선이 절실하다면 디자인 안목을 우선적으로 살펴야 할 것이고, 우수한 인재를 확보하는 것이 핵심 과제라면 인재 전문가를 찾아야 합니다. 기업이 처한 상황에 따라 필요한 능력이나 자격 조건이 다르다는 뜻입니다.

팀 쿡이 입사했을 때 애플의 고질적인 문제는 생산 효율과 악성 재고였습니다. 제조와 유통 전문가였던 팀 쿡은 애플에서 공급망 관리를 맡아 재고 적재 기간을 대폭 줄이고 부품 관리를 통해 생산 효율을 높였습니다. 그의 전략 덕분에 애플은 가장 이윤이 많이 남는 회사가 되었습니다. 스티브 잡스가 혁신적인 제품을 만들었다면 팀 쿡은 현금을 만들어낸 것입니다. 팀 쿡은 그야말로 애플의 핵심 과제를 해결하는 데 탁월한 능력을 가진 적임자였던 것입니다.

둘째, 자격 조건에 맞는 후보를 최대한 많이 확보해야 합니다. 내부 발탁이냐, 외부 영입이냐는 중요하지 않습니다. 물론 기업에서 성과를 거둔 CEO는 대부분 내부에서 성장한 인물들입니다. 이들이 기업의 현안을 누구보다 잘 알고 있기 때문입니다. 더구나 조직의 비전이나 문화를 이해하지 못하면 구성원들의 자발적인 참여를 이끌어내기가 쉽지 않습니다. 또 직원의 사기 진작과 동기 유발 측면에서도 내부 인사가 경영 책임을 맡는 것이 유리합니다.

하지만 회사에 변화와 혁신이 필요할 경우에는 외부 인재가 더 적합할 수도 있습니다. 새로운 시각으로 회사의 상황을 들여다볼 수 있고, 새로운 해법으로 회사의 현안을 풀어갈 수 있기 때문입니다. 이에 반해 내부 사람들은 기존의 시각에서 벗어나기 어렵습니다. 따라서 내부 인사라면 다양한 부서를 거쳐 회사를 객관적으로 바라볼 수 있는 사람이어야 합니다. 반대로 외부 인사라면 회사의 내부 사정을 가급적 잘 알고 상황을 정확하게 파악할 수 있는 사람이어야 합니다.

셋째, 후보자를 철저하게 검증해야 합니다. 후보자들이 회사가 원하는 리더십과 역량을 발휘하면서 회사의 현안을 해결할 수 있는지 살펴봐야 합니다. 내부 인사라면 여러 가지 상황에서 운영 능력을 시험해봐야 합니다. 경쟁이 심하거나 어려움에 처한 사업부를 맡겨서 상황을 어떻게 개선하고 고질적인 문제를 어떻게 해결하는지를 테스트하는 것입니다. 후보자는 해외의 다른 경영 환경에서 조직과 사업을 운영하는 경험도 필요합니다.

특히 내부 인사일수록 더 까다롭게 검증해야 합니다. 내부 인사는 익히 잘 알고 있다고 여기고 검증 절차를 건너뛸 가능성이 크기 때문입니다. 특히 회사가 잘 운영될 때는 검증 자체가 유명무실할 수 있습니다. 일부 인사들은 "오랫동안 회사에 근무하면서 최고경영자 후보에 오른 것 자체가 검증된 것인데, 별도의 검증이 왜 필요하나?"고 주장하기도 합니다. 이 때문에 내부 인사를 검증할 경우 외부 전문기관에 의뢰하는 기업도 있습니다.

외부 인사라면 평판 조회를 포함해 다양한 방법으로 검증해야 합니다. 후보자의 윤리성이나 투명성, 가치관을 알기 위해서는 이전 직장 동료나 거래처, 고객의 평가를 들어보는 것이 좋습니다. 또 수익 창출 능력은 충분한지, 어떤 방식으로 수익을 만들어가는지도 꼼꼼히 살펴봐야 합니다. 이와 함께 대인관계, 조직관리 경험, 전문지식, 인적 네트워크, 커뮤니케이션 능력, 협상력, 결단력, 조직 적응력, 정보 획득과 분석 능력, 자기관리, 시스템 경영 능력을 갖추고 있는지도 살펴봐야 합니다.

'이관규천(以管窺天)'이라는 말이 있습니다. 직역하면 '대롱 구멍으로 하늘을 본다'는 뜻인데, 좁은 시각으로는 전체를 볼 수 없다는 뜻입니다. 의사가 진맥을 짚거나 청진기를 갖다 대는 것만으로는 환자의 상태를 정확하게 진단할 수 없습니다. 명의는 얼굴색, 눈동자, 몸짓, 기력, 과거 병력 등을 종합적으로 살펴보고 판단합니다. 마찬가지로 최고경영자 후계자의 모든 것을 철저하게 검증하는 데는 폭넓은 시각이 필요합니다. GE가 최고경영자 임기가 끝나기 6년 전부터 후보자를 물색하는 것도 이 때문입니다.

새로운 CEO는 기업의 현안을 해결하고 미래의 성장을 도모해야 할 중요한 자리입니다. 따라서 CEO 승계는 단순히 권한을 물려주는 것이 아니라 기업 문화와 경영 노하우 같은 무형자산을 전수하는 중요한 일입니다. 어떤 기업이 안팎에서 적임자를 구하지 못하고 있다면 그것은 적임자가 없는 것이 아니라 적임자를 찾는 시스템이 없는 것입니다. 향후 100년을 이어갈 기업으로 지속 성장을 하려면 무엇보다 필요한 것이 체계적인 후계자 선정 시스템입니다.

G2에서 G3 시대로,
최고인사책임자가 필요한 이유

기업의 2인자에 최고인사책임자를

● ● ● ● ● ●

기업에서 인사는 지원업무라는 인식이 임직원들 사이에서 오랫동안 폭넓게 퍼져 있었습니다. 직장인들 사이에 인사 분야는 수익을 창출하는 부서가 아니라 급여나 복리후생을 관리하는 부서라는 인식이 강하게 자리 잡고 있었습니다. 그동안 인사 담당자들도 주어진 업무만 충실히 하면 된다고 생각했죠. 따라서 인사책임자의 위상도 높지 않았고 경영진으로 참여하는 경우가 별로 없었으며, 최고경영자(CEO)에 오르는 경우는 매우 드물었습니다.

그런데 최근 10여 년 사이에 인재 중심 경영이 강조되면서 최고

인사책임자(CHRO)에 관한 인식이 급격하게 바뀌고 있습니다. 대기업의 경우 대체로 최고인사책임자가 최고경영진에 참여하고 있습니다. 실제로 글로벌 기업은 최고인사책임자가 최고경영자와 직접 업무 현안을 논의하고, 전략적 파트너로서 역할을 담당하고 있습니다. 구글을 비롯한 글로벌 기업들은 CHRO가 전략, 투자, 인수합병(M&A) 등 중요한 사안을 논의하는 데까지 참여하고 있습니다.

GE의 최고경영자였던 잭 웰치는 인사책임자의 중요성을 누구보다 강조했습니다. 그는 "어떤 조직에서든 HR 총책임자는 조직의 제2인자가 돼야 한다"고 강조하면서, "최고경영자 입장에서 보면 최고인사책임자는 적어도 최고재무책임자(CFO)와 동등한 위치에 있어야 한다"고 말했습니다.

잭 웰치가 최고인사책임자의 지위와 역할을 강조한 이유는 무엇일까요? 인재 영입과 육성이 기업의 생존과 미래를 좌우하기 때문입니다. 인재 영입은 물론 그들이 능력을 발휘할 수 있는 조직문화를 만드는 중요한 역할을 하는 것이 바로 최고인사책임자입니다.

대표적인 사람이 구글에서 10년 동안 최고인적자원책임자(CHRO)를 맡았던 라즐로 복(Laszlo Bock, 현재 구글의 인사부문 수석부사장)입니다. 라즐로가 인사책임을 맡는 동안 구글은 7년간 경제 전문지 「포춘」이 선정한 '일하기 좋은 100대 기업'에서 1위를 차지했습니다. 라즐로는 뛰어난 인재들이 최고의 자율을 보장받으면서 최고의 성과를 발휘하는 독보적이고 강력한 기업 문화를 구축했습니다.

넷플릭스의 경우 초고속 성장 비결이 기업 문화와 인재 정책에 있다고 알려지면서 다른 기업들이 벤치마킹하고 있습니다. 이처럼 넷플릭스를 최고의 인재들이 모여 가장 혁신적으로 일하는 기업으로 키워낸 사람은 14년간 CHRO로 활동한 패티 맥코드(Patty McCord)입니다.

각종 매체에서 '최고의 직장', '가장 일하기 좋은 기업' 1위에 선정되는 페이스북 역시 성공 비결로 인사총괄 부사장 로리 골러(Lori Goler)가 만든 조직문화를 꼽고 있습니다. 로리 골러는 상사라는 말을 없애고 다양한 직급이 한 팀을 이뤄 자유롭게 일하면서 개인이 최대한의 능력을 발휘할 수 있는 조직문화를 구축했습니다.

이외에도 구글, 아마존, 알리바바, 샤오미 등 글로벌 기업들은 앞다퉈 최고인사책임자(CHRO)를 통해 인재를 채용하고 관리하며, 이들이 혁신적인 아이디어를 낼 수 있는 환경을 만드는 데 집중하고 있습니다. 그런 점에서 인재를 발탁하고 적재적소에 배치하며 역량을 발휘할 수 있는 정책을 마련하는 CHRO는 CEO 다음으로 중요한 역할을 맡고 있는 것입니다.

최고인사책임자의 역할이 중요해지면서 연봉도 높아지고 있습니다. 글로벌 헤드헌팅 회사 콘 페리(Korn Ferry)의 컨설턴트 엘리 필러(Elli Filler)는 미시간 대학교 경영대학원의 데이브 울리히(Dave Ulrich) 교수와 함께 CEO, COO, CFO, CMO(최고마케팅책임자), CIO(최고정보관리책임자), CHRO의 연봉을 조사한 결과 상당히 흥미로운 사실을 발견했습니다. 2014년 1월 「하버드 비즈니스 리뷰」에 실린 이들의 조사 결과를 보면 가장 많은 연봉을 받는 경영진은 CEO였고, 그다음이 직무와 역할이 CEO와 상당 부분 겹치는 COO였습니다. 그런데 세 번째로 연봉이 많은 직책은 예상을 깨고 CHRO로 나타났습니다. CHRO는 최고경영진들 가운데 가장 연봉이 낮은 CMO보다 33퍼센트나 더 많은 연봉을 받고 있었습니다. 울리히 교수는 "뛰어난 CHRO가 드물다 보니 역량 있는 CHRO의 연봉이 매우 높았다"고 분석했습니다.

'CEO+CFO+CHRO' 경영 방식

• • • • • •

최근 글로벌 기업을 중심으로 최고인사책임자의 역할과 직무가 갈수록 확대되고 있습니다. 이렇게 인식이 바뀌게 된 배경은 무엇일까요?

첫째, 인재와 조직문화의 중요성이 확산됐기 때문입니다. 기업이 성장 전략을 안정적으로 추진하려면 기본적으로 기업의 가치와 비전을 실현할 유능한 인재와 그들이 역량을 발휘하고 성과를 낼 수 있는 조직문화가 필요합니다. 따라서 뛰어난 인재를 발탁하고 혁신적인 조직구조를 만드는 최고인사책임자의 역할이 중요해질 수밖에 없습니다.

둘째, 최고인사책임자는 단순히 경영활동을 지원하는 것이 아니라 전사적 전략을 실행하기 때문에 최고경영자의 전략적 참모 역할을 합니다. 글로벌 기업들이 리더십과 전략 수행 능력이 뛰어난 사람을 최고인사책임자로 발탁하는 이유가 여기에 있습니다. 아마존 창업자 제프 베조스는 「하버드 비즈니스 리뷰」와의 인터뷰에서 이렇게 말했습니다.

"회사가 커지면 실행 방법을 찾기보다 사업 구상을 먼저 하게 됩니다. 나중에는 사업 구상도 다른 사람에게 넘기고 그 일을 맡길 적임자 찾기에 몰두하는 때가 옵니다. 판이 커지면 그렇게 될 수밖에 없습니다."

최고경영자는 어떤 사업을 할 것인지를 결정하고 그 사업을 담당할 책임자와 핵심인력을 확보해야 합니다. 따라서 이를 도와줄 최고인사책임자를 가까이 두는 것이 좋습니다. 세계 최대의 사모펀드 운용회사인 블랙스톤 그룹(The Blackstone Group)의 경우 CEO와 CHRO의 사무실이 나란히 붙어 있습니다.

최고인사책임자의 중요성이 커지면서 미국 내에서는 CEO와 최고재무책임자(CFO)를 중심으로 한 'G2'에서 CHRO를 추가한 'G3'로 경영 방식이 바뀌고 있습니다. 램 차란은 『인재로 승부하라』에서 'Group of 3', 즉 CEO, CFO와 함께 CHRO의 역할이 중요하다고 말합니다. 실제로 역할과 책무가 CEO와 겹치는 COO를 제외하면 리더십과 사고방식, 역량 면에서 CEO와 가장 비슷한 최고경영진은 최고인사책임자라는 조사 결과도 있습니다.

최고인사책임자가 100억 달러 기업을 만들다

●　●　●　●　●　●　●

빅토리아시크릿으로 유명한 세계적인 의류 회사 리미티드브랜즈(Limited Brands)를 창업한 레슬리 웩스너(Leslie Wexner)는 정체에 빠진 기업을 혁신하기 위해 강력한 경영혁신 프로그램을 가동해 큰 성과를 거뒀습니다. 5천 달러로 창업한 레슬리 웩스너는 2년 만에 사업을 3배로 키우며 승승장구하던 중 위기에 부딪히게 됩니다. 그때 그는 잭 웰치를 만나 인재관리에 관한 조언을 듣고 하버드 경영대학원의 한 컨설턴트를 COO 겸 인사부문 부사장으로 영입했습니다.

인사부문 부사장은 먼저 인적 혁신을 추진했습니다. 선발기업에서 풍부한 경험을 쌓은 인재를 전격적으로 영입하는 한편 내부에서도 잠재력을 가진 직원을 과감하게 간부로 발탁했습니다. 이렇게 인사관리를 중심으로 기업을 쇄신한 결과 리미티드브랜즈는 매출 100억 달러 기업으로 성장했습니다.

인사책임자가 경영혁신의 출발이라고 말하면 사람들은 의아해합니다. 그러나 지금까지 살펴본 것처럼 인재의 중요성이 커지면서 경영혁신은 인사혁신에서 출발해 인사혁신으로 끝난다고 해도 과언이 아닙니다. 더 나아가 인사책임자가 경영혁신을 주도하는 것도 좋은 방법입니다. 경영혁신을 주도할 인사책임자가 재무나 마케팅 등 다른 직무 경험까지 있다면 금상첨화일 것입니다.

최고의 전략가는
2인자 활용법을 안다

성장의 전환점, 인재를 영입하라

● ● ● ● ● ● ●

2012년 인스타그램까지 인수하면서 대표적인 SNS 서비스 사이트로 자리매김한 페이스북은 초창기 자칫 마이스페이스(My Space)나 한국의 싸이월드처럼 한동안 유행하다 점차 경쟁력을 잃고 시장에서 사라질 뻔했습니다. 창립자 마크 저커버그(Mark Zuckerberg)가 이 사람을 영입하지 않았다면 말입니다.

초창기 페이스북은 그저 하버드 대학교 학생들끼리 즐기기 위해 만든 사이트였고, 마크 저커버그도 사업 경험이 전혀 없는 학생이자 인터넷 벤처기업가에 지나지 않았습니다. 서비스를 개설한 지

4년쯤 지나자 페이스북 가입자는 계속 늘어나는데 이렇다 할 수익 모델 없이 적자만 계속되었습니다. 이때 마크 저커버그는 구글에서 해외영업과 광고홍보를 맡고 있던 셰릴 샌드버그(Sheryl Sandberg)를 COO(최고운영책임자)로 영입했습니다. 페이스북에 들어온 샌드버그는 파격적으로 구조조정을 단행하고 광고수익 모델을 개발해서 페이스북을 1년 만에 흑자로 전환시켰습니다. 저커버그는 샌드버그에 대해 이렇게 말합니다.

"샌드버그는 내가 하고 싶지 않은 어려운 일들을 도맡아 해낸다. 그녀가 없었다면 지금의 페이스북은 없었을 것이다."

페이스북처럼 중요한 전환점을 맞은 시기에 과감한 인재 영입으로 위기를 벗어난 기업들이 많습니다. 외부에서 영입한 전문가들이 기업 구조를 혁신적으로 개선하고 새로운 수익 모델을 창출해 사업을 확대함으로써 성장의 발판을 마련한 것입니다. 이처럼 유능한 인재를 어떻게 확보하고 활용하느냐에 따라 사업의 성패가 결정되는 만큼 역량 있는 인재를 영입하는 것이 중요합니다.

물론 기업 자체적으로 인재를 육성할 수도 있지만, 그보다는 이미 역량을 갖춘 준비된 인재들을 외부에서 영입하는 것이 훨씬 효율적일 때가 많습니다. 이 때문에 CEO들은 늘 인재에 굶주려 있다고 해도 과언이 아닙니다. 헤드헌팅 회사에 인재 추천을 의뢰하는 기업 중 상당수도 경영이나 사업에서 획기적인 돌파구를 마련할 수 있는 구원투수를 원합니다.

과감하게 내보내는 것도 경영자의 역할

● ● ● ● ● ● ●

물론 모든 기업이 원하는 인재를 영입해 위기에서 벗어날 수 있는 것은 아닙니다. 인재를 영입하긴 했지만 적응에 실패할 가능성이 적지 않습니다. 또 특정 프로젝트에 전문가를 영입하는 데 성공했다 하더라도 해당 프로젝트가 종료되고 나면 처우 문제가 따르기도 합니다. 이런 이유로 적임자가 있는데도 영입을 망설이는 경영자들이 적지 않습니다.

예를 들어 시장 변화에 맞춰 사업구조 전환을 계획하면서 구조조정을 추진할 전문가를 영입해야 할 경우가 있습니다. 해당 업무의 경험도 많고 추진력도 강해야 하는데, 내부에는 적임자가 없기 때문입니다. 구조조정 책임자는 새로운 회사에 들어오자마자 내부 반발 등의 난관을 무릅쓰고 맡은 역할을 수행해야 합니다. 하지만 성과가 좋지 않은 경우 구조조정 전문가는 임기를 연장할 수 없고, 해당 업무를 성공적으로 마쳤다 하더라도 그 사람이 기업 내에서 마땅히 할 일이 없습니다.

그러나 경영자가 적임자를 발견하고도 채용하지 않는 것은 일종의 직무유기입니다. 특히 기업이 위기에 처해 있다면 적임자를 영입해서 문제를 해결하는 것이 최우선입니다. 결과에 대한 부담을 의식해서 합리적인 결정을 내리지 못하고 시기를 놓친다면 기업은 빠르게 변화하는 환경에 적응하지 못하고 점차 경쟁력을 잃게 됩니다.

앞에서 예로 들었듯이 적임자를 시의적절하게 채용해서 문제를 해결한 후에도 조직을 잘 이끌어가거나 적합한 역할을 담당한다면 문제없지만, 기대한 만큼 성과를 내지 못했을 경우 리스크가 발생할 수 있습니다. 이때 과감하게 내보내는 것 역시 경영자의 몫입니다. 조선의 대표적인 개혁 군주로 평가받는 정조가 어떻게 인재관리를 했는지 살펴보면 도움이 될 것입니다.

정조는 왜 홍국영을 앞세웠는가

• • • • • •

조선의 22대 왕 정조는 다양한 출신의 인재를 고루 등용해 조선의 중흥기를 이끌고 근대화의 바탕을 마련했습니다. 특히 정조는 서로 파를 나눠 세를 과시하던 붕당정치가 만연하던 상황에서 당파와 출신을 초월해 인재를 등용하고 그들로 하여금 제도개혁을 추진하게 만드는 방식으로 조선을 발전시켜 나갔습니다. 그는 역량 있는 인재를 채용하는 한편 영입한 인재가 제 역할을 다하지 못했을 때는 망설임 없이 과감하게 내보내는 조치를 취했습니다. 그 대표적인 인물이 정조 재위 초기 조정의 실세였던 홍국영입니다.

정조는 몹시 힘든 과정을 거쳐 왕위에 올랐습니다. 세손으로 책봉된 그는 11세에 할아버지 영조에 의해 아버지 사도세자가 뒤주에 갇혀 죽는 참담한 경험을 하게 됩니다. 영조가 죽고 25세에 즉위한 정조는 온통 정적들에 둘러싸여 있었습니다. 그들은 온갖 방법으로 정조의 왕위 계승을 반대했습니다. 정조를 비방하는 투서를 올리고, 그의 거처를 염탐하는가 하면, 심지어 독살하려고도 했습니다.

정조는 사면초가의 상황에서 왕위에 올랐지만 3~4년 만에 정적을 모두 제거하고 왕권을 확립하는 데 성공했습니다. 이때의 주역이 바로 홍국영입니다. 정조보다 네 살 많은 홍국영은 정조의 뜻이 자신의 뜻이라고 여겼습니다. 정조 역시 "홍국영과 갈라서는 자는 역적"이라고 말할 정도로 철저히 신임했습니다. 정조는 즉위한 지 며칠 만에 홍국영을 국왕의 명령을 출납하는 승지에 임명했고, 몇 달 뒤 비서실장 격인 도승지로 승진시켰습니다. 또 궁궐을 호위하는 숙위소 대장과 훈련대장, 금위대장도 겸직하게 했습니다. 30세의 홍국영은 그렇게 순식간에 조선의 2인자가 됐습니다.

정조의 무한 신임을 기반으로 홍국영은 정조의 즉위를 방해한 대신들을 줄줄이 숙청했습니다. 홍국영이 없었다면 정조는 국정개혁은 고사하고, 자신을 노리는 정적들에 맞서 왕권을 유지하기조차 어려웠을 것입니다. 정조는 홍국영에게 "경이 없었다면 오늘의 내가 있을 수 있었겠는가"라는 말을 종종 했는데, 이것은 단순한 공치사가 아니었습니다.

그러나 홍국영은 정조의 정적들을 제거한 뒤 초심을 잃고 본격적으로 야심을 드러냈습니다. 그는 우선 자신의 누이동생을 정조의 후궁으로 들여보냈습니다. 누이동생이 자식을 낳지 못하고 죽자 이번에는 정조의 이복동생인 은언군의 아들을 죽은 누이동생의 양자로 들여 정조의 후계자로 삼으려고 했습니다. 또한 홍국영은 정조의 신임을 등에 업고 안하무인으로 행동하며 궁궐 안의 모든 세력으로 하여금 적대감을 품게 만들었습니다.

결국 홍국영의 행태를 지켜보던 정조는 자진 사퇴 형식으로 그를 조정에서 내보냈습니다. 그렇게 해서 강릉 근처 바닷가로 거처를 옮긴 홍국영은 33세의 젊은 나이로 세상을 떠났습니다.

훗날 어느 신하가 홍국영을 왜 중용했느냐고 묻자 정조는 이렇게 답했습니다.

"온 세상 사람들이 모두 한 구덩이에 들어 있는데 흉적의 집안과 원한을 맺은 사람은 오직 그 한 사람이었다. 그런 그를 발판으로 흉적에 반하는 사람을 조정에 세우기 위함이었다."

사방이 적으로 둘러싸여 있는 위기 상황에서 탈출구를 열 수 있는 유일한 방법은 홍국영을 기용하는 것이었다는 설명입니다.

'10년 뒤와 10분 뒤를 동시에 생각하라'

● ● ● ● ● ● ●

오늘날의 기업에 비유하면 홍국영은 정조가 구조조정 전문가로 등용한 인물이라고 할 수 있습니다. 그는 구조조정을 성공적으로 단행했지만, 이후 조정을 자신의 측근으로 채우며 국정농단을 하려 했습니다. 하지만 정조는 자신이 기용해서 구조조정을 성공시킨 홍국영을 과감히 내보냄으로써 사태를 수습했습니다.

기업의 경영자들은 때로 누가 적임자인지는 잘 알지만 그가 역할을 마친 뒤 오히려 경영에 걸림돌이 되거나 경영자에게 부담을 줄지도 모른다는 걱정 때문에 기용을 망설이기도 합니다. 그러나 조정을 자신의 측근들로 채울지 모른다는 두려움에 홍국영을 기용하지 않았다면 정조는 정적을 제거하고 왕권 확립의 기반을 마련할 인재들을 등용하지 못했을 것입니다. 정조의 인재관리가 돋보이는 것은 적임자를 영입하는 것뿐 아니라 과감하게 정리했기 때문입니다.

경영학의 구루로 평가받는 피터 드러커(Peter Drucker)는 "10년 뒤와 10분 뒤를 동시에 생각하라"고 강조합니다. 인재관리도 기본적으로는 길게 봐야 하지만 짧게 보기도 해야 합니다. 기업 임원들의 임기가 갈수록 짧아지는 것도 필요할 때 채용하고 상황이 변하면 옮기는 추세와 맞물려 있습니다.

미국 펜실베이니아 주립대학교 경영전문대학원의 피터 카펠리(Peter Capelli) 교수는 2007년 경제 전문지 「포춘」 선정 700대 기업 CEO의 재직 기간을 조사한 결과 재직 기간이 계속 짧아지고 있다는 사실을 확인했습니다. 1950년대 CEO의 재직 기간은 10년이었지만 2007년 조사에서는 불과 3년밖에 되지 않았습니다. 35년 이상 근무한 CEO가 2000년에는 전체의 22퍼센트였지만, 2004년에는 10퍼센트 미만으로 떨어졌습니다. 또 2000년에는 CEO의 25퍼센트가 같은 직무에서 정년퇴직을 했지만, 2004년에는 같은 직무에서 정년을 마친 사람이 18퍼센트에 불과했습니다.

현재 국내 기업들의 상당수는 임원의 임기를 1년으로 설정하고 있습니다. 처음부터 임기를 짧게 정하고 성과가 좋을 경우 연장하는 방식을 취하고 있는 것입니다. 물론 기업의 내부 사정에 따라 오랫동안 안정적으로 조직을 이끌 사람이 필요한 경우도 있습니다. 그러나 경영 환경과 트렌드가 빠르게 변화하는 상황에서는 필요할 때마다 해당 분야의 전문가들을 영입해서 활용하는 것이 유리합니다. 시장에서 앞서 가고 있는 선발기업일수록 외부 인재의 영입이 잦은 것도 이러한 이유 때문입니다.

경영자는 필요에 따라 경험과 역량을 갖춘 사람을 채용할 줄 알아야 합니다. 물론 해당 직무가 끝나고 더 이상 역할이 없거나 기업에 필요하지 않다면 과감하게 내보내야 합니다. 특히 경영자는 단기적으로 중요한 역할을 하는 고위간부를 영입하고 뒤탈 없이 정리할 수 있어야 합니다. 그래야 정조처럼 수시로 필요한 인재를 영입해 혁신을 단행함으로써 기업을 성장시킬 수 있습니다.

인재를 끌어들이는 브랜드

샤오미가 애플을 따라잡지 못하는 이유

· · · · · ·

"제품은 공장에서 만들어지는 물건인 데 반해 브랜드는 소비자에 의해 구매되는 어떤 것이다. 제품은 복제할 수 있지만 브랜드는 유일무이하다. 제품은 쉽사리 시대에 뒤떨어지지만 성공적인 브랜드는 영원히 살아남는다."

미국의 소설가 스티븐 킹(Stephen King)이 브랜드에 대해 정의한 말입니다. 중국의 전자제품 제조회사인 샤오미가 애플의 제품과 디자인을 흉내 낼 수는 있지만 애플이라는 브랜드 이미지까지 모방할 수는 없습니다. 우리나라 기업들이 아무리 구글과 아마존의 서비스를 그대로 차용한다고 해도 구글과 아마존의 브랜드 가치까지 차용할 수 없는 것과 마찬가지입니다.

브랜드 컨설팅 기업인 인터브랜드(Interbrand)는 기업의 재무 성과와 기업 이미지가 고객의 구매에 미치는 영향, 브랜드 경쟁력 등을 종합적으로 평가해서 매년 글로벌 브랜드 순위를 발표하고 있습니다. 2018년 인터브랜드 선정 브랜드 순위에서 1~5위를 차지한 기업은 애플, 구글, 아마존, 마이크로소프트(MS), 코카콜라입니다. 또 다른 브랜드 컨설팅 기관인 유럽 브랜드 연구소(EBI)가 선정한 글로벌 100대 브랜드에서는 애플, 구글, 마이크로소프트, 아마존, 페이스북이 1~5위를 차지했습니다. 이렇게 각종 조사에서 상위 브랜드로 평가받고 있는 기업의 공통점은 무엇일까요? 기업의 이미지가 개별 제품이나 서비스를 뛰어넘는다는 것입니다.

과거에는 개별 제품의 성능과 품질이 마케팅의 핵심이었다면 지금은 브랜드 이미지가 판매에 큰 영향을 미치면서 기업의 가장 큰 자산으로 간주되고 있습니다. 기술의 발달로 제품의 기능이 상향 평준화되면서 품질보다 이미지를 보고 상품을 구매하는 쪽으로 소비 패턴이 바뀌었기 때문입니다. 심지어 개인이 특정한 브랜드를 소유하는 것이 자신의 사회적 위치를 대변하는 시대가 되었습니다.

이 때문에 많은 기업들이 새로운 제품을 출시할 때 제품력을 직접적으로 알리기보다는 소비자들에게 좋은 이미지를 심어주기 위한 브랜드 전략을 펼치고 있습니다. 대표적인 것이 도요타의 렉서스입니다. 이전까지 고급 승용차라는 이미지가 없었던 도요타는 렉서스라는 브랜드를 출시하면서 단번에 프리미엄 세단이라는 이미지를 얻게 되었습니다. 렉서스는 하나의 상품으로서 가치를 뛰어넘어 도요타라는 기업의 브랜드 가치를 격상시키는 역할을 한 것입니다.

기업은 제품의 브랜드 가치가 올라가면 자산가치도 단번에 높일 수 있습니다. 브랜드가 기업의 제품을 차별화하고 소비자들에게는 품질에 대한 신뢰와 확신을 주어 경쟁력을 높이기 때문입니다. 반대로 제품에 대한 소비자들의 신뢰도가 떨어졌을 때 기업 매출은 물론 자산가치가 떨어지는 것도 그만큼 브랜드의 영향력이 크기 때문입니다.

그런데 기업의 브랜드 가치는 제품력과 기술력, 디자인 등 외형적인 요소만으로 결정되는 것이 아닙니다. 어떤 경우 외형적인 요소보다는 기업에 내재돼 있는 무형의 가치가 브랜드에 더 큰 영향을 미치기도 합니다.

구글과 아마존, 넷플릭스 같은 첨단기술 기업은 독특하고 혁신적인 조직문화가 기업 브랜드 가치를 올리는 데 큰 역할을 합니다. 과거 애플은 스티브 잡스라는 걸출한 CEO가 기업의 브랜드를 좌우했습니다. 탁월한 CEO와 혁신적인 조직문화는 소비자들에게 고객들의 편리와 욕구를 충족하는 혁신적인 제품과 서비스를 제공할 것이라는 기대감을 갖게 합니다.

기업 브랜드 공신력을 높이는 법

● ● ● ● ● ● ●

브랜드는 기업의 규모나 수준을 규정하는 기본적인 틀과 같습니다. 다시 말해 기업이나 사업은 그 브랜드만큼 성장한다는 것입니다. 기업이 더 강력한 브랜드를 만들지 못하면 성장이 멈추는 것도 이 때문입니다. 따라서 대다수의 기업은 지속적으로 브랜드를 재구축하려고 노력하게 됩니다.

잘 구축된 브랜드는 사업 전반에 걸쳐 지속적이고도 강력한 영향력을 발휘합니다. 브랜드 공신력이 높아지면 제품이나 서비스 수요가 늘어나고, 신규사업에 진출할 때도 큰 도움이 됩니다. 브랜드 신뢰도가 높은 기업의 경우 기존 제품에 대한 소비자들의 충성심이 강할 뿐 아니라 새로운 제품에 대한 수용력도 높기 때문입니다. 따라서 경험이 많은 경영자들은 기업의 브랜드 공신력을 높이기 위해 다양한 노력을 합니다.

브랜드 공신력을 높이는 대표적인 방법이 증권시장에 기업공개(IPO)를 추진하는 것입니다. 기업공개의 가장 큰 목적은 물론 자금을 확보하는 것입니다. 증시에 상장하면 설비를 확장하거나 신규사업에 필요한 자금을 조달하기가 수월해집니다. 그러나 기업공개는 자금 확보뿐 아니라 기업 브랜드 공신력 강화에도 큰 영향을 미칩니다. 증권시장에 상장했다는 것은 증권거래소의 엄격한 심사를 통과할 정도로 기업의 안정성과 성장성이 입증되었다는 뜻이니까요. 그래서 증시에 상장하면 기업의 인지도와 신뢰도가 전과 비교할 수 없을 정도로 달라집니다. 아마존은 설립한 지 3년 만에 기업공개를 했는데, 그해에 900퍼센트 성장을 하며 초고속 성장의 신호탄을 쏘아 올렸습니다. 기업공개로 공신력을 확보함으로써 투자자들과 소비자들에게 성장 가능성 있는 기업으로 인정받은 것입니다.

기업들의 투자설명회(IR)도 공신력을 높이기 위한 것입니다. 투자설명회 내용이 언론을 통해 알려지면서 회사의 이미지가 개선되고 신뢰도가 높아지기 때문입니다. 해외 진출이나 합작투자를 하려는 기업들이 투자설명회에 나서는 이유도 여기에 있습니다.

이 밖에도 기업들은 막대한 비용을 들여 월드컵이나 올림픽 같은 국제적 스포츠 행사를 후원합니다. 재단을 설립하고 재난구호나 환경보호, 사회적 약자 지원 등 사회봉사 활동에 적극 참여하기도 합니다. 일부 기업들은 정부나 공공단체가 부여하는 모범기업이나 우수기업 인증을 받기 위해 애를 씁니다. 이 모든 것은 기업들이 브랜드 공신력을 높이기 위한 활동입니다.

인재 브랜드 시대를 대비하라

• • • • • •

하지만 이것만으로 기업의 공신력이 높아지는 것은 아닙니다. 기업가치를 높이는 데 강력한 효과를 발휘하는 방법 중 하나는 바로 인재를 통한 공신력 강화입니다. 기업 브랜드의 중심에 있는 임직원들은 브랜드 강화의 출발점이자 종착점이기 때문입니다.

하지만 모든 인재가 기업의 브랜드 가치를 높이는 것은 아닙니다. 따라서 임직원들을 통해 회사의 브랜드 가치를 키우려면 전문성과 신뢰도, 그리고 호감도를 갖춘 임직원들로 조직을 재구성할 필요가 있습니다. 기업들이 석·박사 학위 소지자들을 많이 영입하고 해당 분야의 경험이 많은 사람들을 우대하는 것도 전문성과 신뢰도를 높이기 위해서입니다.

특히 브랜드 이미지에 큰 영향을 미칠 수 있는 상징적 인물들을 전략적으로 영입하는 것이 중요합니다. 고문이나 연구소장, 홍보 마케팅 책임자처럼 전문성을 갖추고 신뢰도와 호감도가 높은 사람을 중요한 자리에 영입하는 것입니다.

세계적인 패션기업 디올(Dior)은 중요한 자리에 누구를 영입하느냐에 따라 브랜드 이미지에 얼마나 큰 영향을 미치는지를 잘 보여줍니다. 디올은 창업자인 크리스티앙 디오르(Christian Dior)가 세상을 떠나자 자녀도, 친인척도 아닌 21세의 젊고 재능 있는 이브 생 로랑(Yves Saint Laurent)을 수석 디자이너로 발탁했습니다. 이후 이브 생 로랑은 여성 패션에 최초로 바지 정장을 도입하는 등 우아한 디올만의 브랜드 이미지를 더욱 강화했습니다.

디올의 사례처럼 기업의 이미지를 제고하기 위해서는 그 기업에 유능한 인재가 모여 있고, 최고의 인재를 끌어들이고 있다는 것을 소비자들에게 적극적으로 알려야 합니다. 마이크로소프트는 'N 마이너스 1'이라는 인재 확보 원칙을 가지고 있습니다. 올해 채용 목표가 N명이라면 실제로는 1명 적게 뽑는다는 것으로, 최고 중에서도 최고의 인재만을 채용한다는 뜻입니다. 이러한 인재관리 원칙을 홍보함으로써 전문적이고 믿을 수 있는 사람들이 제품과 서비스를 만들고 있다는 이미지를 소비자들에게 심어주고 있는 것입니다.

기업의 브랜드 인지도를 높이기 위해 어떤 노력을 하고 있나요? 대부분의 기업은 제품이나 서비스, 디자인과 기술을 중심으로 개발하고 홍보하며 마케팅을 펼칩니다. 그런데 그 기술을 개발하고 제품을 만들고 서비스를 제공하는 사람이 누구인지 알리려는 기업은 많지 않습니다.

브랜드 강화를 위한 광고와 홍보의 대상이 제품이나 서비스일 필요는 없습니다. '우리 회사가 만드는 제품과 서비스가 최고'라고 주장하는 것보다 '우리 회사에 최고 수준의 인재들이 모여 있다' 또는 '여러분이 구매한 제품과 서비스는 세계 최고 수준의 인재들이 만든다'고 광고하는 것이 훨씬 더 설득력 있고, 소비자의 호감도가 더 높아질 것입니다.

이처럼 세계적인 기업들은 직원 중심의 브랜드 관리 정책을 펼치고 있습니다. 페덱스는 "직원이 곧 자산이자 브랜드"라고 강조하는 한편, "페덱스는 직원을 통해 브랜드를 관리한다"고 주장합니다. 영국의 통신 그룹 BT(브리티시 텔레콤)의 전 회장 벤 버바이언(Ben Verwaayen)은 "지금까지는 제품에 브랜드를 붙여 판매해왔다면 앞으로는 인재에 브랜드를 붙이게 될 것"이라고 말합니다. 그는 "한국 기업들도 이 같은 인재 브랜드 시대에 대비해야 할 것"이라고 조언합니다.

기업 경쟁력의 기반이 되는 브랜드 공신력은 임직원에 뿌리를 두고 있습니다. 유능한 임직원들이 모여들어 브랜드 공신력이 커지면 그것이 다시 유능한 임직원을 불러들이는 힘이 됩니다. 기업이 혁신을 하려면 사람을 바꿔야 하고, 사람이 바뀌면 기업도 변합니다. 따라서 인재를 통한 브랜드 공신력이 높아지면 회사 역시 빠르게 변할 것입니다.

4장

인재경영에서
반드시 피해야 할 오류

"대부분의 기업은 주어진 시간의 2퍼센트를 직원 채용에 쓰고,
75퍼센트는 채용 오류를 수습하는 데 쓴다."

— 리처드 페어뱅크(캐피털 원 파이낸셜 CEO)

중국 병법서에서 배우는
인재 검증 전략

CEO의 영원한 과제, 인사 실패율 줄이기

● ● ● ● ● ● ●

　직원 채용은 기업 경영에서 매우 중요한 위치를 차지하고 있습니다. 특히 사업을 확장할 때는 얼마나 유능한 인재들을 채용하느냐에 따라 성패가 결정됩니다. 역량이 뛰어난 인재를 영입하면 순조롭게 추진할 수 있지만, 역량이 부족한 사람을 잘못 채용하면 업무 추진에 어려움을 겪게 됩니다. 기업은 적응력이 부족해 입사한 지 얼마 되지 않아 회사를 떠나는 직원이 생길 경우 조직관리에 어려움을 겪게 됩니다.

　기업의 채용 절차는 서류 검토와 인·적성 검사, 그리고 실무자 면접과 임원 면접 등으로 어느 기업이나 대동소이합니다. 그러나 대부분의 기업이 검증된 절차와 시스템을 통해 선발하는데도 채용 성공률은 생각보다 높지 않습니다. GE의 전 CEO 잭 웰치는 자신이 하급 관리자였을 때 내린 인사 결정의 절반이 실패로 귀결됐다고 털어놓았습니다. 그로부터 30년이 지나 CEO가 된 이후로는 실수가 많이 줄어들긴 했지만 실패율은 여전히 20퍼센트나 되었다고 합니다. 기업인들 중에도 다시 면접을 봐도 채용하겠다고 자신할 만큼 결과에 만족하는 사람은 상당히 드뭅니다.

직원을 채용하는 일은 회사의 성장과 발전을 좌우할 만큼 중요한 일이지만 성공하기는 쉽지 않습니다. 오랫동안 공들이고 꾸준히 노력하지 않으면 회사에 필요한 인재를 확보하기가 쉽지 않다는 뜻입니다. 특히 인재 확보 경쟁이 치열한 요즘 '우리 회사가 영입하지 않으면 경쟁 회사에 빼앗긴다'는 생각으로 인재 발굴에 심혈을 기울여야 합니다. 또한 수준 높은 인재를 뽑으려면 채용 절차와 방법도 개선하고 훨씬 더 많은 시간과 비용을 투자해야 합니다.

그렇다면 어떻게 해야 유능한 인재를 판별할 수 있을까요?

3천 년 전의 인재 검증 시스템

· · · · · · ·

"문지이언 이관기상(問之以言 以觀其詳), 질문을 해서 상세한 지식이 있는지 관찰하라." "궁지이사 이관기변(窮之以辭 以觀其變), 말로써 궁지에 몰아넣고 변화를 살펴라."

3천 년 전에 쓰인 중국의 병서 『육도(六韜)』 「선장(選將)」 편에 나오는 '팔징지법(八徵之法)' 중 첫 번째와 두 번째 항목입니다. '팔징지법'은 장수를 선발할 때 확인해야 할 8가지 항목으로, 오늘날에 비유하면 인재를 검증하는 방법입니다. 『육도』는 중국 고대 최고의 병법서 중 하나로 태공망(강태공)이 지었다고 알려져 있습니다. 태공망은 문왕과 무왕을 도와 주나라를 건국하는 데 결정적인 공을 세운 정치인이자 공신으로 중국 역사상 최고의 전략가이자 모략가로 꼽히는 인물입니다.

태공망은 때를 기다리는 인내심의 대명사이기도 합니다. 인재를 찾아 떠돌던 문왕이 자신을 찾아올 때까지 기다렸고, 한 나라를 정벌할 때도 최상의 시기를 기다렸습니다.

태공망의 치밀함은 장수를 선발하는 과정에서도 엿볼 수 있습니다. 장수는 한 나라의 운명을 책임지는 막중한 임무를 맡고 있기 때문에 태공망은 철저한 검증을 통해 최고의 인재를 선발하려고 노력했습니다. 태공망은 유력한 후보자가 나타나면 주변 사람들에게 그에 관한 평판을 물어보고, 금전 관련 일을 맡겨보는가 하면, 심지어술에 취하게 하는 등 다양한 상황을 통해 전문성, 임기응변, 충성도, 덕행, 정직, 품행, 용기, 자기관리 등을 철저하게 살폈습니다. 3천 년 전에도 오늘날 못지않은 나름의 인재 검증 시스템을 가지고 있었던셈입니다.

최고가 아닌 최적의 인재

● ● ● ● ● ● ●

우수한 인재를 뽑으려면 역량 정의부터 면접관 평가, 인재 풀 확대, 검증 강화와 같은 4가지 문제에 관심을 기울여야 합니다.

첫째, 역량 정의는 최적의 인재를 선발하기 위한 출발점입니다. 인재를 제대로 뽑으려면 그가 맡을 직무가 무엇인지, 그리고 이 직무를 수행하려면 어떤 역량을 갖춰야 하는지 정확하게 알아야 합니다. 단순히 우수한 인재가 아니라 필요한 분야에 뛰어난 능력을 가지고 있는 사람을 채용해야 하기 때문입니다. 특히 경력사원은 바로 직무를 수행해야 하므로 필요한 역량을 갖추었는지를 판단하는 것이 중요합니다. '최고가 아니라 최적의 인재'를 뽑으려면 얼마나 뛰어난 역량을 가지고 있느냐가 아니라 얼마나 필요한 역량을 갖고 있는지를 살펴봐야 합니다.

해당 직무에 필요한 역량이 무엇인지 파악하기 위해서는 해당 부서와의 긴밀한 협의가 필요합니다. 협의를 통해 수행해야 할 직무가 무엇이고, 어떤 업무 능력을 갖춰야 하는지 상세하고 명확하게 규정한 다음 면접관들이 쉽게 이해할 수 있도록 문서화해야 합니다.

따라서 면접은 피면접자가 문서에 기재된 역량을 가지고 있는지를 확인하는 자리가 되어야 합니다. 지원자의 의견을 묻는 것만으로는 역량을 제대로 확인하기 어렵습니다. 면접관은 선입견을 최대한 배제하고 해당 업무와 관련해 어떤 활동을 어떻게, 그리고 왜 했는지 치밀한 질문을 통해 살펴봐야 지원자의 실제 역량을 판단할 수 있습니다.

둘째, 면접관을 교육하고 평가해야 합니다. 우선 면접관들이 어떤 직무에서 어떤 사람을 뽑는지, 그 직무 수행에 필요한 역량이 무엇인지를 충분히 숙지하고 있어야 합니다. 그렇지 않으면 해당 역량을 중심으로 평가하지 않고 본능과 직관에 의존하게 됩니다. 이런 경우 사람들은 본능적으로 자신과 닮았거나 편하고 익숙한 사람을 선택하는 오류를 범하기 쉽습니다.

인재를 선별하는 데 탁월한 능력을 발휘하는 면접관을 선정하는 것도 중요합니다. 일부 면접관들은 현업에서 쌓은 실력보다 학력이나 경력에 많은 점수를 부여합니다. 조직 전체의 이익보다 자신에게 이익이 되는 사람을 선택하는 면접관도 있습니다. 이런 면접관들은 일을 잘하는 사람이 아니라 자기 말을 잘 들을 사람을 채용합니다. 어떤 면접관은 자신의 지위가 위협받을 것을 우려해 자기보다 능력이 뛰어난 사람을 일부러 배제하기도 합니다. 실력이 부족해도 자신의 사내 위상을 강화하는 데 도움이 되는 사람을 선택하는 것입니다.

이런 문제점들은 면접관 평가 제도를 통해 크게 개선할 수 있습니다. 즉 채용하고 6개월이 지나면 면접 결과와 입사한 사람의 평가가 얼마나 일치하는지 확인해보는 것입니다. 부적격자를 많이 채용한 면접관에게는 경고를 주고, 이후에도 개선되지 않는다면 면접관에서 제외합니다. 이렇게 '면접관 실명제'를 시행하면 객관적인 역량을 중심으로 평가함으로써 좀 더 신중하게 후보자를 선별하게 됩니다. 또 부적합한 후보자를 걸러내는 데도 효과적입니다. 여기에 면접관들이 자기가 선발한 사람들의 안착률을 높이기 위해 멘토링에 나선다면 채용 성공률은 더욱 높아질 것입니다.

셋째, 인재 풀 확대는 후보자들을 최대한 많이 확보하는 것입니다. 대체로 공고를 통한 지원자만으로는 우수한 인재를 뽑는 데 한계가 있습니다. 일반적으로 기업들은 회사의 브랜드 위상보다 높은 수준의 인재를 원합니다. 하지만 그런 인재들이 스스로 지원하는 경우는 많지 않습니다.

특히 인지도와 브랜드 이미지가 높지 않은 기업은 인재를 적극적으로 찾아 나서지 않으면 만족스러운 채용 결과를 기대하기 어렵습니다. 아무리 비전 있는 사업이라도 해당 기업의 브랜드가 약하면 지원자들의 관심을 끄는 데 한계가 있기 때문입니다.

요즘은 다양한 방법으로 지원자들을 확보할 수 있습니다. 언론 매체나 각종 사이트에 모집 공고를 내는 전통적인 방식만으로 인재를 모으는 데는 한계가 있습니다. 페이스북 같은 SNS를 활용하고, 필요하다면 내부 직원뿐 아니라 대학이나 단체의 추천을 받는 것도 검토해볼 필요가 있습니다. 고급인재나 핵심인재를 영입하려고 할 경우 비용이 조금 들더라도 헤드헌팅 회사의 도움을 받는 것도 좋습니다.

넷째, 검증 강화는 지원자에 대한 정보의 사실 여부를 판단하는 것입니다. 서류와 면접만으로 후보자를 검증하는 데 한계가 있습니다. 기본적으로 면접장은 거짓말쟁이들의 경연장입니다. 지원자들은 자신을 실제보다 훨씬 높여서 말하게 마련입니다. 일부 지원자들은 면접관의 마음을 사기 위해 거짓 답변도 불사합니다. 이력서에 적힌 내용의 44퍼센트가 거짓이라는 조사 결과가 있을 정도로 채용 과정에는 과대포장과 거짓이 난무합니다. 따라서 인재 채용의 성공률을 높이려면 면접을 보완하는 검증 절차가 필요합니다.

가장 많이 사용하는 검증 방법은 평판 조회(reference check)입니다. 주로 후보자가 재직했던 직장의 상사나 동료들을 대상으로 실시하는 평판 조회는 매우 효과적인 검증 방법입니다. 실제로 함께 근무했던 사람을 통해 업무 성과나 업무 수행 방식, 동료들과의 관계, 리더십, 가치관, 윤리의식 등을 폭넓게 살펴볼 수 있기 때문입니다. 평판 조회는 검증 범위가 넓을 뿐 아니라 다양한 의견을 들을 수 있어서 채용 실패를 줄이는 데 큰 효과가 있습니다.

하지만 평판 조회도 문제가 없는 것은 아닙니다. 평판 조회에 응하는 사람과 조회하는 사람의 주관적인 생각이 반영되기 때문입니다. 따라서 평판 조회를 하는 사람이 누구이고, 어떤 사람을 대상으로 할 것이냐가 매우 중요합니다. 또한 조회를 통해 얻은 정보 중 어떤 것을 채택하느냐에 따라 결과가 크게 달라집니다. 자칫 사실과 전혀 다른 정보가 채용 결과에 반영될 수도 있습니다. 평판 조회를 많이 활용하는 기업들이 공신력 있는 헤드헌팅 회사를 찾는 이유도 여기에 있습니다.

세종의 3단계 인재 검증법

● ● ● ● ● ● ●

여러 방면에서 뛰어난 사람을 찾기는 매우 어려운 일입니다. 그런 사람은 많지 않기 때문에 현실적 선택을 할 수밖에 없습니다. 이 때문에 일반적인 분야에서 평균 점수를 받았더라도 직무와 관련된 분야에서 높은 평가를 받은 사람을 뽑는 게 좋습니다. 그러나 직무 관련 분야에서 점수가 좋아도 다른 분야에서 평균 이하의 점수를 받았다면 채용에 신중을 기해야 합니다. 그런 사람은 나중에 조직 적응과 협업에서 문제를 일으킬 가능성이 크기 때문입니다.

한 가지 덧붙이고 싶은 것은 우수한 인재를 뽑으려면 절대 서두르지 않아야 한다는 것입니다. 어떤 일이든 성급한 결정은 허점을 동반할 가능성이 크기 때문에 채용에서도 조급한 의사 결정은 금물입니다. 적임자가 없는데도 대충 선발한다면 실패할 확률이 높습니다. 따라서 확신이 서지 않는다면 한 번 더 면접을 진행하고, 의구심이 생기는 부분은 시간이 걸리더라도 반드시 확인해야 합니다.

세종대왕은 좋은 인재를 등용하고 육성하는 능력이 탁월했습니다. 그는 뛰어난 능력을 가진 사람을 알아보는 혜안도 있었지만 무엇보다 철저한 검증을 통해 인재를 선발했습니다. 세종대왕은 관료들이 전국에서 천거하는 인재들을 3단계로 검증했습니다. 경력과 자질을 알아보는 '간택', 내부에서 평가하는 '평의', 외부의 의견을 수렴하는 '중론'을 통해 인재를 꼼꼼하게 확인했습니다. 그 사람이 본래 가진 능력뿐 아니라 주위의 평판과 도덕성까지 두루 살펴보고 나라에 해를 끼치는 인물이 아닌지 판단한 것입니다. 이러한 검증 시스템은 세종대왕이 수많은 인재를 발굴할 수 있었던 비결 중 하나였습니다.

글로벌 기업들은 중간에 포기하는 사람들이 있을 정도로 채용 절차가 길고 복잡합니다. 채용은 서두르다 보면 얼굴이나 몸매 같은 겉모습만 보고 미인을 뽑는 '미인대회식 면접'이나 이미지와 느낌으로 지극히 주관적인 평가를 하는 '인상 비평형 면접'을 피할 수 없기 때문입니다. 급할수록 돌아가라는 옛말처럼 좋은 인재를 구하려면 인내심을 가져야 합니다.

제왕의 교과서『인물지』에서 배우는 채용의 7가지 오류

한비자가 말한 일류 리더의 조건

• • • • • • •

"삼류 리더는 자신의 능력을 사용하고, 이류 리더는 남의 힘을 이용하며, 일류 리더는 남의 지혜를 사용한다."

중국 전국시대 사상가 한비자의 말입니다. 한비자는 한(韓)나라 출신이지만, 그의 재능을 알아본 것은 바로 한나라를 멸망시킨 진시황입니다. 천하를 통일하기 위해 각국에서 인재를 끌어모으던 진시황은 한비자의 책을 읽고 자신에게 꼭 필요한 사람임을 직감했습니다. 진시황은 그러한 한비자를 만나기 위해 한나라를 공격했고, 한비자의 이론을 천하 통치의 근간으로 삼았습니다.

한비자의 일류 리더론의 관점에서 최고의 경지에 오른 인물은 다름 아닌 유방일 것입니다. 유방은 저잣거리 건달 출신이었으나 당대 가장 강력한 영웅이었던 초나라의 항우를 제패하고 천하 통일을 이뤄 한나라의 초대 황제가 되었습니다. 유방은 자신이 직접 전투에 나가 지휘를 해본 적이 없을 정도로 능력은 미흡했지만, 인재를 등용하고 적재적소에 사용할 줄 아는 군주였습니다. 유방은 자신이 항우를 이긴 것에 대해 이렇게 말했습니다.

"전쟁에 이기는 계략을 세우는 데는 장량만 못하고, 나라를 안정시키고 백성을 다스리는 데는 소하만 못하며, 군사를 거느리고 나가 싸우는 데는 한신만 못하다. 다만 나는 이들 뛰어난 인재들을 잘 쓸 줄 알 뿐이다. 나는 장량, 소하, 한신이라는 걸출한 인재를 곁에 두었지만, 항우는 범증이라는 인재가 있었음에도 그를 쓰지 못해 결국 패했다."

초나라 책사였던 범증은 군사적으로도 비범하고 정치적 안목도 뛰어나 제갈량에 비견되는 인물이었습니다. 그러나 항우는 유방을 만만하게 보지 말라는 범증의 말을 듣지 않고 간계에 빠져 범증을 쫓아내는 우를 범했습니다. 항우의 또 하나의 실수는 한신을 기용하지 않은 것입니다. 한신은 미천한 신분이라는 이유로 항우가 자신의 재능을 알아주지 않자 유방의 수하로 들어가 항우를 물리치는 데 일조했습니다.

이처럼 유방은 용맹과 세력 등 모든 면에서 항우보다 열세였는데도, 인재를 알아보고 적재적소에 활용하는 능력을 갖춘 덕분에 천하를 얻을 수 있었습니다.

중국 황제들의 교과서 『인물지』에서 배우는 인재관리법

● ● ● ● ● ● ●

뛰어난 인재가 중요하다는 것을 알지만 뛰어난 인재를 알아보는 안목을 가지기는 쉽지 않습니다. 조직을 이끌어나갈 임원으로 적합한 인물을 구하기는 더더욱 어려운 일입니다. 임원의 경우 사원이나 중간간부와 달리 신상과 경력에 대한 정보가 많기는 하지만 안목이 없으면 제대로 평가하기 어렵습니다.

진시황, 유비, 유방, 조조, 명나라 주원장 등 중국의 역대 왕들은 거대한 영토를 통치하기 위해 유능한 인재를 널리 구했습니다. 그 과정에서 인재를 발굴하고 조직을 운영하는 노하우가 축적되었겠지만, 안타깝게도 체계적으로 정리한 책은 많지 않습니다. 그런 점에서 유소(劉劭)가 쓴 『인물지(人物志)』는 인재관리 방법에 관한 책 중 최고라고 할 수 있습니다. 인재 등용과 평가 방법, 인재 평가의 오류, 적재적소의 배치 방법 등을 일목요연하게 정리해놓아 당 태종 이세민, 청나라의 강희제, 명나라의 주원장 등이 인재경영 교과서로 삼을 정도였습니다.

유소가 이 책을 쓴 것은 위·촉·오 삼국이 치열하게 경쟁하던 시기였습니다. 어떤 인물을 어떻게 활용하느냐에 따라 나라의 흥망이 달라졌기 때문에 삼국은 뛰어난 인물을 확보하는 데 나라의 역량을 총동원했습니다. 유소는 조조와 조비 정권에서 주요 관직을 역임하며 인사 참모 역할을 했습니다. 따라서 이 책에는 기본적으로 조조의 인재 활용술이 매우 구체적으로 담겨 있습니다.

유소의 『인물지』는 많은 내용을 담고 있지만 오늘날 눈여겨볼 만한 것은 인재를 평가하고 등용할 때 저지르기 쉬운 7가지 대표적 오류를 다룬 '칠류(七繆)'입니다. 유소는 왜 이 같은 오류가 발생하는지, 오류를 피하려면 어떻게 해야 하는지를 다음과 같이 체계적으로 설명하고 있습니다.

첫 번째 오류는 사람의 명성을 편파적으로 받아들이는 것입니다. 평판이 곧 실력이라고 여겨 평판만 믿고 채용하는 것입니다. 물론 다양한 사람들의 평가는 매우 중요한 정보입니다. 그러나 평판도 왜곡될 수 있다는 점을 염두에 둬야 합니다. 같은 사람을 두고 윗사람과 아랫사람, 그리고 동료의 평판이 제각각 다를 수 있으니까요. 그 사람이 속한 조직에서는 뛰어나다는 평을 듣더라도 조직 자체에 문제가 있는 경우 평판의 신뢰성이 떨어지기도 합니다.

두 번째 오류는 개인적인 기준에 따라 사람을 평가하는 것입니다. 사람은 누구나 장단점을 모두 가지고 있습니다. 그러나 자신이 좋아하는 요소가 두드러지면 단점을 보지 못하고, 반대로 자기가 싫어하는 점이 발견되면 강점에 눈을 감아버립니다. 주관적인 기호에 따라 사람을 평가하면 회사를 성장시킬 유능한 인재를 놓치고, 맞지 않는 인물을 등용하는 실수를 범하기 쉽습니다.

세 번째 오류는 사람의 품성과 성격을 잘못 판단하는 것입니다. 사람은 마음에 품은 뜻과 성격에 따라 여러 유형으로 나눌 수 있습니다. 마음에 품은 뜻이 넓고 크지만 겸손하고 신중한 사람은 성현으로 가장 훌륭한 인재입니다. 마음에 품은 뜻은 작지만 성격이 강하고 거친 사람은 폭력적인 기질을 갖고 있습니다. 마음에 품은 뜻은 크지만 세심하지 못한 사람은 오만방자할 수 있습니다. 마음에 품은 뜻이 작고 세심하지 못한 사람은 너무 나약할 수 있습니다.

네 번째 오류는 성취 속도만으로 사람을 평가하는 것입니다. 사람은 재능을 보유하고 발휘하는 시기에 따라 4가지 유형으로 나눌 수 있습니다. 가진 재능이 많고 일찍이 그 재능을 발휘해서 성공하는 사람, 어릴 때는 부진하지만 뒤늦게 대성하는 사람, 재능은 일찍 발휘하지만 더 이상 크지 못하는 사람, 재능이 부족해 아무것도 이루지 못하는 사람입니다. 따라서 사람의 재능을 평가할 때는 과거와 현재뿐 아니라 미래의 발전 가능성도 따져보아야 합니다. 단기간의 성과만 보고 판단한다면 장기적으로 성장 가능성 있는 인재를 놓칠 수 있습니다.

다섯 번째 오류는 자신과 비슷한 부류를 선호하고 다른 부류는 배척하는 것입니다. 사람은 성격, 가치관이나 취미 같은 것이 자신과 비슷한 사람을 좋아하는 것은 인지상정입니다. 반대로 자신과 성향이 다른 사람은 자신도 모르게 멀리하게 됩니다. 이러한 편견을 가지고 인재를 평가한다면 능력과 성과를 제대로 판단할 수 없습니다. 더구나 자신과 비슷한 사람들로 채워진 조직은 다양성이 부족해 합리적 조직문화를 기대하기 어려울 수도 있습니다.

여섯 번째 오류는 사람의 평판이 바뀐다는 점을 고려하지 않는 것입니다. 사람은 잘될 때와 부진할 때가 있기 마련입니다. 품성이 좋고 역량이 뛰어난 사람의 평판은 한결같지만, 그렇지 않은 사람은 자신이 처한 상황에 따라 평판이 달라집니다. 잘될 때는 열심히 일하고 성과도 좋을 뿐 아니라 인간관계도 잘 맺습니다. 이럴 때 평판 조회를 하면 평판이 아주 좋게 나옵니다. 이에 반해 상황이 어려울 때는 정반대의 성향이 표출되면서 평판도 나쁘게 나옵니다. 따라서 평판을 살필 때 여러 가지 상황에서 종합적으로 판단해야 그 사람의 진면목을 알 수 있습니다.

백락이 없으면 천리마도 없다

● ● ● ● ● ●

마지막 오류는 모든 사람을 예외 없이 겉만 보고 판단하는 것입니다. 보통 사람의 역량은 말과 행동만 보고도 어느 정도인지 충분히 판단할 수 있습니다. 그러나 뛰어난 사람일수록 겉모습만 보고 판단하기 어렵습니다. 따라서 탁월한 인재를 발굴하려면 탁월한 안목이 있어야 합니다.

"백락(伯樂)이 있고 나서야 천리마가 있다. 천리마는 항상 있지만 백락은 항상 있지 않다. 비록 천리마라 하더라도 백락이 없으면 노예 밑에서 모욕만 당하다 마구간에서 죽을 뿐 천리마로 불리지 못한다."

한유의 『잡설(雜說)』에 나오는 말입니다. 중국의 당송 8대가 중 한 명으로 시인이자 정치인이며 사상가였던 한유는 "아무리 뛰어난 인재가 있어도 그를 알아보고 써주는 사람이 없으면 소용없다"고 말했습니다. 어느 시대 어느 장소에도 인재는 있었지만 단지 그 인재를 알아보는 사람이 없었을 뿐이라는 것입니다.

이 글에 등장하는 백락은 중국 춘추시대 주나라의 인물로 말을 감별하는 능력이 뛰어난 사람이었습니다. 천하의 명마를 찾아오라는 왕의 명령을 받고 명마를 찾던 그는 어느 날 소금을 잔뜩 실은 수레를 끌고 힘겹게 언덕을 오르는 비쩍 마른 말을 발견했습니다. 백락이 보기에 분명 천리마로 타고났는데, 평생 재능을 발휘하지 못하고 천한 일만 하다 늙어버린 말이었습니다. 이를 보고 백락은 안타까워하며 이렇게 말했습니다.

"말을 먹이는 자가 천리마인 줄 모르니 어찌 천리마를 구하겠는가. 재주를 발휘할 만큼 먹이지도 못하면서 천리마가 없다고 말한다."

유소는 『인물지』에서 인재를 판단할 때 오류가 생기는 요인을 크게 2가지로 설명하고 있습니다. 첫째는 그 사람이 처한 상황을 감안하지 않고 단순히 됨됨이만을 가지고 판단하기 때문입니다. 사람은 누구나 환경의 영향을 받기 때문에 그 사람이 처한 상황을 종합적으로 살펴봐야 합니다. 둘째는 인재를 판단하는 사람의 역량이 부족하기 때문입니다. 경험과 지식이 부족한 사람이 인재를 판단하면 오류가 생길 수밖에 없습니다. 따라서 인재를 채용하려면 백락과 같은 안목을 가진 사람이 나서야 합니다.

　유소의『인물지』는 1800여 년 전에 쓰인 책이지만 지금의 인재경영에 접목해도 손색이 없습니다. 예나 지금이나 인간의 본성은 변하지 않기 때문입니다. 유소의『인물지』를 읽어보면 인재를 보는 안목을 키울 뿐 아니라 오류를 최대한 줄일 수 있을 것입니다.

40퍼센트의 실패,
적임자 제대로 찾는 법

내부 육성 vs. 외부 영입

● ● ● ● ● ●

"오늘의 동료가 내일의 CEO가 된다." 180년 역사를 가진 글로벌 생활용품 기업 피앤지(P&G)의 인재관리 원칙입니다. P&G는 질레트와 오랄비 등 우리에게도 익숙한 브랜드를 보유한 글로벌 기업입니다. 글로벌 기업은 보통 해당 분야에서 검증된 사람들을 위주로 채용하지만 P&G는 전통적으로 경력사원을 뽑지 않고 신입사원 채용만을 고집해왔습니다. 엄격한 심사를 거쳐 우수한 신입사원을 인턴십으로 채용하고 성과와 역량 중심으로 업무에 투입해서 육성하는 인재 확보 전략을 갖고 있었던 것입니다. 말하자면 신입사원을 처음부터 미래 CEO로 교육하고 육성해온 것이죠.

그래서 P&G의 성공과 장수 비결을 인재 육성 시스템이라고 보는 시각이 많았습니다. P&G의 글로벌 인재 육성 프로그램은 P&G 출신 CEO의 면면을 통해서도 검증되었다고 볼 수 있습니다. GE를 세계 최고의 기업으로 만든 잭 웰치가 바로 P&G 출신이니까요. 잭 웰치 말고도 많은 P&G 출신 경영자들이 성공적으로 글로벌 기업을 이끌고 있습니다.

하지만 내부 육성을 기본 원칙으로 삼고 있는 P&G도 전문지식이나 기술이 필요한 분야만큼은 과감하게 인재를 영입하고 있습니다. 내부의 인력만으로는 외부의 새로운 기술을 모두 수용할 수 없기 때문입니다. 이처럼 첨단기술이 주도하는 기업 환경에서 정체의 위기를 맞다 보니 외부 영입이 점점 늘어나고 있습니다.

기업이 인재를 확보할 때 내부에서 육성할 것이냐 외부에서 영입할 것이냐는 오랜 논란거리였습니다. 그러나 지금은 더 이상 의미 없는 논란이 되었습니다. 기업들이 내부 육성만으로 경영 환경의 변화에 대처하기 어렵다는 것을 잘 알고 있기 때문입니다. 이제 인재가 기업의 생존을 좌우하는 시대이니까요.

기업이 신규사업을 추진할 때는 당연히 해당 분야의 경험이 풍부하고 성과가 검증된 인재를 영입해야 합니다. 관련 경험이 전무한 임직원들이 신규사업을 추진한다는 것은 어불성설입니다. 최고의 인재가 투입돼도 성공하기 어려운데 경험이 부족한 사람들로는 선발기업들과 경쟁하는 것이 거의 불가능합니다. 외부 전문가의 도움을 받는다 하더라도 해당 분야의 인재가 충분하지 않으면 고전할 수밖에 없습니다.

외부 영입 인재, 40퍼센트는 적응하지 못한다

● ● ● ● ● ● ●

『90일 안에 장악하라(The First 90 Days, Updated and Expanded)』의 저자이자 리더십과 협상 분야의 권위자인 마이클 왓킨스(Michael Watkins)의 조사에 따르면 글로벌 기업들은 높은 성과를 내는 핵심인재의 40퍼센트를 외부에서 영입하고 있습니다. 기업들은 이들을 채용하기 위해 관리자급 평균 급여의 24배를 투자하는데, 대기업 임원의 경우 평균 연봉이 200만 달러를 넘어서고 있습니다.

그런데 이렇게 많은 연봉을 주고 영입한 핵심인재의 40퍼센트가 18개월 안에 해고되거나 자진 사퇴합니다. 이들이 회사를 떠나는 이유는 기대한 만큼 성과를 내지 못했기 때문입니다. 인재를 잘못 영입했을 때의 직접적 손실은 핵심인재의 경우 연봉의 20~40배, 일반 직원은 관리직 평균 임금의 2.5배에 이른다는 조사 결과도 있습니다. 그만큼 핵심인재를 잘못 뽑았을 때 기업의 경제적 손실이 크다는 뜻입니다. 게다가 영입한 사람들이 입사한 지 얼마 되지 않아 퇴사하면 남아 있는 임직원들의 사기가 크게 떨어집니다. 사업에 차질이 생기고, 고객과의 관계가 흔들리며, 기업 이미지가 실추되기도 하죠.

일반적으로 기존 사업을 안정적으로 확장할 때나 구성원의 팀워크 또는 조직 충성도, 업무 몰입도가 중요한 경우에는 내부 직원을 배치하는 것이 맞습니다. 그러나 사업을 다각화하거나 기술 변화가 빠른 첨단사업을 새로 시작할 때, 기존 경영 관행에서 탈피해 새로운 변화를 시도할 때는 외부 인재 영입을 통해 새로운 시각과 아이디어를 수혈받아야 합니다. 과감한 혁신을 추진하려면 내부의 이해관계에 얽매이지 않고 객관적으로 바라볼 수 있어야 하니까요.

영입한 인재들이 제대로 정착하지 못하는 것은 기본적으로 적임자가 아닌 사람을 뽑았기 때문입니다. 영입하는 것 자체가 아니라 영입 과정에 문제가 있다는 것입니다. 또는 회사의 조직문화가 외부 인력을 받아들이기 어려울 정도로 폐쇄적일 가능성도 있습니다.

P&G의 경우 그동안 기업 문화를 이해하지 못한다는 이유로 경력사원 채용을 꺼렸습니다. 또 최근 외부에서 영입한 임직원들이 기대했던 성과를 내지 못하고 조기에 회사를 떠나는 이유가 P&G의 폐쇄적인 조직문화 때문이라는 분석도 있습니다. 오랜 역사를 이어오는 동안 조직구조가 복잡하게 얽히는 바람에 새로운 인재를 영입하더라도 조직 적응에 어려움을 겪게 된다는 것입니다. 이런 점들을 감안할 때 기업들이 사업의 성공이나 조직 발전을 위해서라면 인재를 과감하게 영입하되 검증을 강화하는 한편 기업 문화를 보다 개방적으로 개선해나가야 합니다.

인사이더 같은 아웃사이더(outside-insiders)

● ● ● ● ● ● ●

조직 안착률이 높은 적임자를 영입하려면 어떻게 해야 할까요? 경영자가 직무 수행에 필요한 역량을 갖추고 있을 뿐 아니라 회사가 추구하는 가치와 비전에 동의하고 기업 문화를 수용할 수 있는 적임자를 찾기란 쉬운 일이 아닙니다. 여러 차례 인터뷰를 거쳐서 선발한 사람도 실제 업무에서는 다른 모습을 보이는 경우가 많습니다. 따라서 글로벌 기업들은 영입할 사람의 직무 역량과 가치관, 행동 방식을 평가하고 검증하는 데 많은 시간과 비용을 투자합니다.

기업에 필요한 사람은 한마디로 표현하면 '내부인 같은 외부인(outside-insiders)'입니다. 회사에 부족한 기술이나 지식을 갖고 있으면서도 기존 직원처럼 기업 문화와 사업 내용을 잘 이해하고 받아들이는 사람이죠. 이런 사람은 조직 적응력이 뛰어나 조기에 퇴사할 가능성 또한 적습니다.

내부인 같은 외부인이라면 기본적으로 회사 사정을 잘 알고 있는 사람일 것입니다. 어느 기업이나 회사에 직간접적으로 물품과 기술, 서비스를 제공하면서 오랫동안 관계를 맺어온 사람들이 회사 주변에 포진해 있습니다. 이들은 회사의 조직문화와 사업 성격을 익히 알고 있기 때문에 적응하기가 쉽겠죠. 이처럼 조직 안착률이 높은 사람을 찾기 위한 방법은 다음과 같습니다.

인턴제도 활용

　기업은 인턴 기간 동안 후보자를 다양한 관점에서 살펴볼 수 있습니다. 아무리 면접 횟수를 늘려도 면접 인터뷰만으로는 그 사람의 역량이 어느 정도인지 파악하기 힘듭니다. 그러나 업무를 맡겨보면 후보자의 역량은 물론 업무 몰입도, 스트레스를 견디는 능력, 직무와 조직문화에 대한 적응성, 고객을 대하는 태도 등을 전체적으로 살펴볼 수 있습니다. 또한 해당 직원도 인턴 기간 동안 자신의 적성이나 회사의 비전을 파악할 수 있기 때문에 인턴십을 거쳐 입사한 직원들은 조직 안착률이 높습니다.

　세계적 광업용 기계 장비 기업인 힐티(Hilti)는 채용을 결정한 직원들이 하루 동안 현장에서 근무하는 '1일 인턴십 제도'를 운영하고 있습니다. 하루밖에 안 되는 짧은 기간이지만 근무하는 과정에서 직원과 회사 모두 상대가 자신에게 맞는지 어느 정도는 판단할 수 있습니다. 힐티는 1일 인턴 근무를 해본 다음 적응성이 낮다고 판단되는 사람에게는 입사 취소를 권유합니다.

직장생활 체험

　회사와 업무에 적응하는 것을 돕는 '전환훈련(transition training)'을 활용해보는 것도 좋습니다. 아무리 적응력이 뛰어나도 새로운 조직에 안착하기란 쉽지 않습니다. 마이클 왓킨스의 조사에 따르면 핵심 인재들이 입사해서 성과를 내기까지 걸리는 시간은 평균 6.2개월입니다. 특히 나이 많고 직급이 높을수록 적응력이 떨어집니다.

그런데 경력자로 입사하는 임직원에게 기업 문화와 업무 상황을 알려주고 직무 수행에 필요한 기초 지식을 제공하면 조직 안착률이 높아지고 업무 성과를 내기까지 기간이 훨씬 짧아집니다. 직책과 직무가 바뀐 임직원들에게도 업무를 시작하고 90일 안에 전환훈련을 실시하면 훈련 기간 동안 성과가 36퍼센트 늘어나고, 투자자본수익률(ROI)이 14배 증가한다는 연구 조사도 있습니다.

세계적 물류기업 UPS(United Parcel Service)는 외부에서 인재를 영입할 경우 UPS에서 직장생활을 먼저 경험하도록 합니다. 기업의 가치와 문화를 미리 경험하면 기업 문화에 좀 더 쉽게 적응할 수 있기 때문입니다.

철저한 채용 검증

글로벌 기업들은 엄격한 심사를 통해 최고가 아닌 최적의 인재를 찾고 있습니다. 수차례의 인터뷰도 직무 능력과 기업 문화에 대한 적합성을 판단하기 위한 것입니다.

마이크로소프트는 임직원 한 명을 뽑기 위해 3~10명이 인터뷰를 합니다. 지원자가 마이크로소프트에 입사하려면 최대 10차례의 인터뷰를 통과해야 합니다. 아마존은 회장이 직접 나서서 일대일 심층 면접을 실시하기도 합니다.

사우스웨스트항공은 한 해 4천 명 정도를 뽑는데 8만 명 정도 인터뷰를 합니다. 한 명을 뽑기 위해 20명을 인터뷰하는 것입니다. 이렇게 20 대 1의 경쟁률로 뽑은 직원들 가운데 20퍼센트는 또다시 연수 과정에서 탈락시킵니다. 사우스웨스트항공에 입사하고자 하는 임원급은 지원자들이 모두 참석한 가운데 한 명씩 프레젠테이션을 해야 합니다. 이렇게 까다로운 과정을 거치다 보니 사우스웨스트항공은 임직원 한 명을 채용하는 데 평균 6주가 걸립니다.

외부 전문가 활용

세계적으로 '인력 노마드(Nomad)'의 속도가 빨라지고 있습니다. 기업과 개인의 이해관계가 맞아떨어지면서 프리랜서와 계약직, 임시직이 폭발적으로 증가하고 있습니다. 미국의 경우 이들이 전체 노동자의 40퍼센트를 차지하고 있습니다. 특히 하나의 기업에 소속되지 않고 여러 기업에 전문적인 서비스를 제공하는 사람들이 늘고 있습니다.

이제 이들의 활용은 기업 경쟁력의 큰 변수로 작용합니다. 회계, 감사, 컨설팅, 법률자문 등 전문 서비스업은 물론 소매업이나 금융업의 경우 이들에 대한 필요성이 커지고 있습니다. 이들을 효율적으로 활용하려면 내부 사정에 정통하고 충성심을 갖춘 핵심인재들을 조직에 배치해야 합니다.

앞에서도 말했듯이 내부 육성이냐 외부 영입이냐 하는 논란은 이제 무의미합니다. 내부 인력이 더 효율적인 사업 분야가 있는 반면 외부 인재의 영입이 절실한 분야가 있습니다. 중요한 것은 외부에서 인재를 영입할 경우 최대한 빠른 시간 내에 적응할 수 있는 환경을 만들어주어야 인재 영입에 성공할 확률이 높다는 것입니다.

유능함의 본질,
꾸준히 그리고 지속적으로

인재전쟁, 공격전에서 방어전으로

●　●　●　●　●　●

'어떤 인재를 어떻게 뽑아야 할까?' '핵심인재를 어디서 찾아야 하나?' 모든 사장들이 고민하는 문제일 것입니다. 최근 글로벌 기업들은 핵심인재를 최대한 많이 확보하려고 치열한 인재쟁탈전을 벌이는 한편 인재 유출을 막기 위한 방어전을 하고 있습니다.

구글은 마이크로소프트(MS)의 엔지니어와 연구원 등 핵심인재를 지속적으로 영입했는데, 이 때문에 마이크로소프트는 구글을 강하게 비난하며 소송을 제기하기도 했습니다. 미국의 경제 전문지 「포브스」는 기업의 인재쟁탈전에 대해 "미국의 IT 기업들이 프로 스포

츠처럼 핵심인재의 유출을 방지하기 위해 끊임없이 노력하고 있다"
고 보도했습니다.

핵심인재의 유출은 글로벌 기업만의 문제가 아닙니다. 서울과학
종합대학원이 기업의 인사 담당자 100명을 대상으로 조사한 결과
인재관리에서 가장 어려운 점이 무엇인가 하는 질문에 53퍼센트가
'핵심인재 이탈 방지'를 꼽았습니다. 인재를 확보하는 것 못지않게
인재를 오래도록 유지하는 것이 중요하다는 사실을 알 수 있는 대목
입니다.

삼성그룹은 리텐션(retention) 제도의 도입으로 핵심인재 유실률이
2퍼센트로 낮아졌습니다. 내부에서 육성한 인재보다 외부에서 영입
한 인재의 비율이 점점 늘어나고 있는 삼성은 입사한 순간부터 리텐
션 제도를 가동하고 전담 부서가 면밀하게 면담이나 관찰, 지원 등
을 하며 입사자들을 관리합니다.

일본 기업의 경우 인재 유출을 방지하기 위해 AI(인공지능)를 활용
하고 있습니다. 직원 면담 내용, 직원들의 발언, 근무 패턴 등에 대
한 데이터를 매주 수집하고 이를 분석해서 이직 가능성이 높다고 판
단될 경우 집중 면담을 통해 문제를 해결함으로써 인재 유출을 막는
것입니다. AI 관리 시스템은 실제로 효과를 거둬 직원들의 이직률이
절반 이하로 떨어졌습니다.

이렇게 인재관리를 하는 이유는 핵심인재의 이탈이 기업에 유무
형의 큰 손실을 끼치기 때문입니다. 특히 적지 않은 연봉과 지원을
약속하며 외부에서 영입한 인재가 회사를 떠날 경우 그 손실은 더욱

클 수밖에 없습니다. 외부 영입 인재가 새로운 환경에서 탁월한 성과를 내기까지는 적지 않은 시간과 비용을 투자해야 합니다. 그런데 탁월한 성과를 내기도 전에 퇴사를 한다면 그 사람에 대한 투자와 지원은 기회비용이 되어버립니다.

또한 아무리 핵심인재라도 단기간에 기대했던 성과를 얻기도 힘듭니다. 기업의 CEO로 탁월한 성과를 거둔 사람들은 대부분 적게는 10년, 길게는 40년간 그 회사에 근속한 사람들입니다. 잭 웰치는 GE에 40년간 근무했고, 마이크로소프트의 CEO 스티브 발머는 38년 동안 근무했습니다. 구글의 전 CEO 에릭 슈미트 역시 18년 동안 근무했습니다. 이런 사실에 비춰보면 탁월한 성과는 장기근속과 연관이 있다고 할 수 있습니다.

인재가 떠나는 데는 이유가 있다

• • • • • •

기업의 인재가 조기에 퇴사하는 데는 여러 가지 이유가 있습니다. 조직문화에 적응하지 못했기 때문일 수도 있고, 연봉이나 복리후생이 기대에 미치지 못했기 때문일 수도 있습니다. 또 직무나 직책이 자신에게 맞지 않거나 상사와 갈등 관계가 지속되는 것도 직원들의 퇴사 결정에 큰 영향을 미칩니다.

그러나 여러 전문가들의 조사와 연구 결과를 보면 직원이 회사를 떠나는 가장 중요한 요인은 회사에 적합한 사람이 아니었기 때문인 것으로 나타났습니다. 따라서 핵심인재의 이탈을 방지하는 관리 시스템도 중요하지만 그 사람이 직무에 적합하고 장기근속을 할 수 있는지를 미리 점검할 필요가 있습니다. 이것은 그 사람이 탁월한 성과를 낼 수 있는지를 판단하는 것과도 관련이 있습니다. 앞에서 말했듯이 탁월함은 장기근속을 기반으로 하기 때문에 장기근속 가능성이 부족하다면 탁월함의 의미는 반감될 수밖에 없습니다.

그렇다면 수차례의 면접과 평판 조회까지 까다로운 심사와 검증을 통해 적합성을 인정받은 인재가 조기에 이탈하는 이유가 무엇일까요? 기업이 채용 절차에서 면밀히 따져보지 않은 것이 하나 있기 때문입니다. 바로 지속성입니다.

기업이 인재를 채용할 때는 역량과 성과에 집중하고, 도덕성이나 가치관 같은 다른 요소들은 부차적인 것으로 치부합니다. 면접관들은 대체로 학력과 경력이 화려한 데다 면접에서 재치 있고 톡톡 튀는 답변을 하는 사람들에게 높은 점수를 줍니다. 반면 진득하게 자리를 지키면서 자신의 업무를 묵묵히 수행하는 사람들은 상대적으로 낮게 평가합니다.

경력사원 중에는 겉으로 드러난 업무 역량이나 단기적 성과는 뛰어나지만 지속성이 떨어지는 경우가 적지 않습니다. 이들은 조직 적응력이 높지 않아서 구성원들과 조금만 갈등이 있어도 심한 스트레스를 받곤 합니다. 또한 장기적인 관점에서 바라보지 않기 때문에 자신의 성과와 보상이 조금만 미흡해도 불안해합니다.

더구나 이들은 자신의 역량이나 성과 정도면 다른 기업에서도 충분히 환영받을 수 있다고 생각합니다. 자신이 느끼기에 불합리한 회사의 조처나 불만스러운 근무 조건을 감내할 이유가 없는 것입니다. 따라서 기대했던 보상이 주어지지 않고 원했던 직책을 맡지 못하면 '이런 대접을 받을 바에는 차라리 다른 곳으로 옮기는 게 낫겠다'고 생각합니다. 이들은 농부처럼 땅을 일구고 풀뿌리를 캐내고 씨를 뿌리면서 가을의 수확을 기다리려 하지 않습니다. 당장에 먹을 수 있는 꿀을 얻기 위해 꽃을 찾아다니는 벌이나 나비처럼 행동합니다.

따라서 어떤 사람의 성과를 평가할 때는 얼마나 오래 근속하면서 얻은 것인지, 얼마나 오래 몰입해서 만든 것인지, 얼마나 오랫동안 어려운 고비를 넘겨가며 구축한 것인지, 얼마나 참고 견디면서 완성한 것인지를 꼼꼼히 따져봐야 합니다.

평범을 비범으로 바꾸는 지속성의 힘

• • • • • •

그렇다면 조직 적응력이나 장기근속 가능성을 판단할 수 있는 방법은 무엇일까요? 여러 가지 요소가 있겠지만 우선 2가지를 잘 살펴봐야 합니다. 바로 수용 능력과 협업 능력입니다. 다른 사람의 말을 귀담아듣고 받아들이는 것, 공동의 목표를 위해 다른 사람과 협력하는 것은 상당히 중요한 역량입니다. 그것도 조직에 잘 적응하고 성과를 만들어내는 데 없어서는 안 될 필수적인 역량이죠.

특히 수용 능력과 협업 능력은 선천적으로 타고나는 것이 아니라 후천적인 의지와 노력으로 길러지는 역량에 가깝습니다. 기업들이 직원들의 수용 능력과 협업 능력을 키우기 위해 지속적으로 교육훈련을 하고 조직문화를 만드는 이유도 여기에 있습니다. 어떤 기업들은 수용과 협업을 기업 문화의 핵심이자 기업이 추구하는 가치로 삼기도 합니다.

원칙적으로 수용 능력이 떨어지는 사람은 성장하기 어렵습니다. 왜냐하면 다른 사람의 지식이나 경험을 잘 받아들이지 못하고 자신이 직접 배우고 익힌 것만 활용하기 때문입니다. 협업 능력이 부족한 사람도 한계에 부딪힐 수밖에 없습니다. 기업에서 혼자 일하는 경우는 거의 없기 때문입니다. 대부분 다른 사람과 함께 일하는 과정에서 배우므로 협업 능력이 떨어지는 사람은 자신의 역량을 키울 수 없습니다. 이런 사람들에게서 좋은 성과를 기대하는 것은 어불성설입니다.

이렇게 수용 능력과 협업 능력은 조직에서 성장하고 성과를 만드는 데 매우 중요한 역량입니다. 이런 능력이 없으면 다른 능력이 뛰어나도 조직에서 적응하고 리더로 성장하기 어렵습니다. 또 이런 사람들은 장기근속을 할 가능성도 낮습니다.

일본에서 경영의 신으로 불리는 이나모리 가즈오 교세라 명예회장은 "노력에 노력을 더하면 평범함은 비범함으로 바뀐다"고 말했습니다. 그는 유능함이란 곧 지속적으로 인내할 수 있느냐의 문제라고 합니다. 목표를 향해 꾸준히 나아가는 것이야말로 유능함의 본질이라는 것입니다.

가즈오 회장은 특히 재능이 뛰어난 인재들에게 늘 스스로를 경계해야 한다고 강조했습니다. 자신의 재능을 과신한 나머지 노력을 게을리해서 성장이 멈춘 사람들이 많기 때문입니다.

기업에서 뛰어난 성과를 만들고 리더로 성장하는 사람들의 공통점은 오래 견디고 꾸준히 일한다는 것입니다. 그들은 처음부터 남들보다 먼저 성과를 보여주는 것이 아니라 꾸준한 노력을 통해 조금씩 성과를 개선합니다. 이렇게 한 걸음씩 앞으로 나가는 사람만이 마지막까지 조직에 남아 판을 흔드는 대성과를 창출할 수 있습니다.

고대 그리스의 철학자 플라톤은 "탁월성은 지속성에서 나온다"고 말했습니다. 아리스토텔레스는 "탁월함은 행동이 아니라 습관"이라고 강조했습니다. 말콤 글래드웰(Malcolm Gladwell)이 『아웃라이어(Outliers)』에서 주장한 '1만 시간의 법칙'도 탁월한 수준에 이르기까지 1만 시간의 반복적 훈련이 필요하다는 의미입니다. 말콤 글래드웰은 어떤 분야든 최소한 1만 시간은 훈련해야 전문가가 될 수 있다고 주장합니다. 한 사람이 자신의 역량을 탁월한 수준까지 끌어올리려면 그만큼 지속인 노력이 뒷받침돼야 한다는 뜻입니다.

그런 점에서 인재를 영입할 때는 유능함을 따지기 이전에 지속성부터 확인할 필요가 있습니다. 한 걸음 더 나아가 외부 인재뿐 아니라 내부 인재를 평가할 때도 지속성을 살펴봐야 합니다. 시장의 판도를 바꿀 만한 큰 성과는 오래 재직하면서 경험과 지식을 축적한 사람만이 만들어낼 수 있습니다. 이런 '축적의 비밀'을 인재 평가에 반영해보세요. 지속성을 업무 역량 평가에서 중요한 요소로 삼는다면 유능한 인재의 이탈로 인한 걱정을 조금은 줄일 수 있습니다.

【 선점 】

불황, 몸집을 줄여야 할까,
인재에 투자해야 할까

인재 영입에도 역발상이 필요하다

● ● ● ● ● ● ●

"최근 경기침체 가능성이 커지면서 대책 마련의 필요성이 제기되자 임원들 사이에서 갑론을박이 벌어지고 있습니다. 일부 임원들은 부진한 사업을 정리하거나 대폭 축소해야 한다고 주장합니다. 구조조정을 통해 몸집을 최소화해 겨울나기를 준비할 때라고 말입니다. 그러나 다른 임원들은 회사에 최적화된 인력을 내보내면 회사의 경쟁력이 심하게 훼손될 것이라고 반대합니다. 경기침체 국면에서 기업은 인력관리를 어떻게 해야 할까요?"

불황기에 접어들면 기업 경영자들은 사업을 축소할 것인가, 아니면 유능한 인재를 적은 비용으로 영입할 수 있는 기회인 만큼 적극적으로 인재 영입에 나설 것인가를 두고 고민합니다. 특히 요즘처럼 경기침체가 예상되는 시기에는 자연스럽게 축소 전략을 통해 보수적인 경영을 해야 한다는 주장이 힘을 받게 마련입니다. 물론 이와는 반대로 시장 상황이 어려워지기는 했지만 경쟁 기업들이 축소 전략을 펼칠 때 오히려 지속적으로 투자해 시장점유율을 높이자는 의견이 대두되기도 합니다. 어떤 쪽을 선택하는 것이 옳을까요?

경기침체로 더 이상 매출이 늘지 않는 상황이 장기화될 조짐이 보이면 경영자들은 대체로 '사업적 동면'을 검토합니다. 투자를 축소하고 제품과 서비스 생산을 줄여 비용지출을 최소화하는 이른바 '겨울잠'을 준비하는 것이죠. 특히 불황의 한파가 강할 것으로 예상되거나 회사의 체력이 약하다고 생각하는 기업은 불필요한 시설이나 자산을 매각합니다. 이렇게 기업이 긴축경영을 검토할 때 가장 먼저 꺼내는 것이 인력 감축입니다.

그러나 직원들은 회사의 가장 중요한 자산입니다. 많은 시간과 비용 투자를 통해 이미 회사의 조직문화와 사업에 최적화된 직원들을 내보내는 것은 회사로서도 큰 손실입니다. 더구나 나중에 그만한 인력을 다시 확보하기도 쉽지 않습니다. 기업은 인력 감축으로 핵심인재가 이탈하면 훨씬 더 큰 타격을 입을 수 있습니다.

이런 이유로 전문가들은 심각한 불황이 아니라면 감원을 쉽게 실시하지 말아야 한다고 강조합니다. 마쓰시타 고노스케는 "경기가 좋을 때는 고용하고 불황일 때는 해고하는 방식은 기업의 장기적 발

전에 해가 된다"며, "기업의 단순한 존속만을 위한 원칙 없는 해고
는 지양해야 한다"고 강조했습니다.

미국 켈로그 경영대학원의 석좌교수 필립 코틀러(Philip Kotler)는
불황기에 최고경영자는 '경영의 마약'을 경계해야 한다고 주장합
니다.

"경제가 환각 상태에 빠져 비틀거릴 때 유능한 CEO조차 마약에
손을 댑니다. 핵심인재를 해고하고 기술과 제품 개발을 축소하며 중
대한 결정 앞에서 머뭇거립니다. 이것은 마약처럼 일시적인 위안을
주지만 거기에 중독되면 결국 기업을 파멸로 이끌게 됩니다."

매출과 인재투자의 역설

● ● ● ● ● ● ●

불황기에 인력 감축뿐 아니라 직원들의 교육훈련비를 줄이는 것
도 결과적으로는 기업의 성과에 부정적인 영향을 끼친다는 조사 결
과가 있습니다. 인적자원 관리 컨설팅 회사인 왓슨와이어트는 평균
매출 64억 달러 이상인 상장기업을 대상으로 닷컴버블이 붕괴하면
서 불황기에 접어들었던 2000~2003년의 기업 현황을 조사했습니
다. 그 결과 불경기에 교육훈련비를 삭감한 기업은 그렇지 않은 기
업에 비해 성과가 5배 더 낮았다고 밝혔습니다.

불황기에 위기를 벗어난 글로벌 기업 중 하나가 휴렛패커드

(HP)입니다. HP 창업자 빌 휴렛(Bill Hewlett)과 데이브 패커드(Dave Packard)는 아무리 경기가 나빠도 핵심인재는 놓치지 않는 인재관리 원칙을 고수해왔습니다. 두 사람은 "HP 성공에 가장 크게 기여한 것이 무엇이냐?"는 질문에 서슴없이 "경제 상황이 어떻든 꾸준히 사람에게 투자한 것"이라고 답변합니다. 실제로 2002년 최대 위기를 맞은 HP는 구조조정을 하면서도 핵심인재는 오히려 늘리고, 이들을 리더로 육성하는 프로그램에 적극 투자했습니다. 결국 핵심인재가 변화에 대처하는 방법을 찾아내 HP는 위기에서 벗어날 수 있었습니다.

창립 이래 최대의 적자를 내면서 주가가 반 토막이 난 상황에서도 직원 교육에 대한 투자를 오히려 늘려서 회생한 기업도 있습니다. 바로 맥도날드입니다. 2003년 당시 랄프 알바레즈(Ralph Alvarez) 회장은 "위기를 벗어날 수 있었던 비결은 인재에 투자한 것"이라고 밝혔습니다. 맥도날드는 무조건 구조조정으로 몸집을 줄일 것이 아니라 창의적인 아이디어가 있어야 다시 살아날 수 있다고 확신했습니다. 따라서 점포와 지점은 줄이는 대신 직원에 대한 교육 투자를 늘렸습니다. 그 결과 맥도날드는 제품의 수준이 높아지고 서비스가 개선돼 1년 만에 다시 매출이 늘어나는 효과를 거뒀습니다.

이처럼 미국과 일본의 경우 100년이 넘은 장수기업들은 대부분 불황기에 핵심인재를 중심으로 인재를 확보하고 육성하는 인재관리 전략을 채택하고 있습니다.

인재가 만드는 역전의 기회

● ● ● ● ● ●

그렇다면 우리나라는 어떨까요? 구본무 LG그룹 전 회장은 글로벌 금융위기를 겪던 2009년 신임 전무와 대화에서 불황기는 인재 영입의 호기라면서 이렇게 주문했습니다.

"불황이라고 구조조정을 해서 사람을 내보내면 원래 있던 사람들의 충성심도 낮아지고, 우수한 인재들도 같이 떨어져나갑니다. 호황에 대비해 오히려 좋은 사람들을 많이 선발해야 합니다. 불황은 기회입니다. 호황일 때는 사람을 뽑기도 어렵고 검증하기도 쉽지 않습니다. 그러나 불황일 때는 좋은 사람을 뽑기가 더 쉽습니다."

불황기에 기업이 우수한 인재 확보에 나서야 하는 이유는 명확합니다. 우선 경쟁 회사에서 탁월한 성과를 냈던 인재를 영입할 수 있기 때문입니다. 불황기에는 많은 기업들이 인력을 감축합니다. 이 과정에서 조직의 분위기가 좋지 않으면 높은 성과를 창출하는 핵심인재의 일부가 회사를 떠납니다. 그런데 불황기에는 이런 핵심인재들을 채용하는 기업이 많지 않습니다. 따라서 평소에는 그림의 떡 같았던 유능한 인재를 확보할 수 있는 절호의 기회를 맞게 됩니다.

한 발 더 나아가 이런 시기에는 경쟁 기업의 핵심인력을 적극 찾아 나설 수도 있습니다. 불황기에는 기업들이 평상시처럼 꼼꼼하게 인력관리를 하지 않기 때문에 직원들의 구심력은 약해지고 원심력은 커집니다. 따라서 경쟁사의 핵심인재들도 평소에 비해 영입 제안에 응할 가능성이 높아집니다. 이런 이유로 경험 많은 인사 담당자들은 불황기에 헤드헌팅 회사를 적극 활용해 우수한 인재들의 영입을 추진합니다.

불황기에 우수한 인재를 확보하면 기업은 영입 비용을 절감할 수도 있습니다. 핵심인재를 영입하려면 파격적인 연봉과 직급, 직책을 제시해야 합니다. 그들을 영입하고자 하는 기업들이 많기 때문에 때로는 경영상의 부담을 줄 정도로 많은 비용을 써야 합니다. 그러나 불황기에는 일반 직원들의 몸값은 큰 변동이 없지만, 사업의 판을 바꿀 만한 핵심인재들의 연봉은 변동 폭이 커집니다. 그런 점에서 기업의 체질을 개선하고 경쟁력을 높이기 위해 우수한 인재를 영입할 계획이 있다면 불황이 절호의 시기입니다.

그리고 불황기에 인재를 영입하면 기존 직원들의 사기가 올라갑니다. 경기침체로 몸집을 줄이다 보면 회사의 분위기가 가라앉을 수밖에 없습니다. 투자를 줄이고 공장 가동을 멈추기 시작하면 직원들은 자연스럽게 회사와 자신의 미래를 걱정하게 됩니다. 그런데 이렇게 어려운 상황에서 핵심인재가 들어오면 직원들은 회사의 미래를 낙관하게 됩니다. 회사의 비전을 공유하게 되고 경영진을 더욱 신뢰하게 되는 것이죠.

특히 경쟁 회사에서 높은 성과를 냈거나 고급기술을 가진 핵심인재가 들어오면 조직에는 더욱 활력이 넘쳐납니다. 조직 내 직원들의 사기가 높아지면 일상 업무는 물론 고객 서비스에도 긍정적 영향을 미쳐 궁극적으로 기업의 브랜드를 탄탄하게 구축할 수 있습니다. 이처럼 평소에는 외부 인재의 영입으로 조직이 불안정해질 수 있지만, 불황으로 침체된 분위기에서는 오히려 사기를 진작시켜 긍정적인 영향을 미칩니다.

불황 탈출구, 인재가 답이다

● ● ● ● ● ●

아무리 오랫동안 사업을 영위한 기업이라도 자칫 불황의 터널을 통과하지 못하면 한순간에 무너질 수 있습니다. 그러나 경기불황의 영향이 적은 기업에게는 오히려 경기침체기가 인적 역량을 강화하는 기회가 될 수도 있습니다. 핵심인재를 영입함으로써 경쟁사와 격차를 벌리고, 한 단계 더 도약할 수 있도록 체질을 강화할 수 있기 때문입니다.

캘리포니아 주립대학교 하스 경영대학원의 어니스트 건들링(Ernest Gundling) 교수는 "위기일수록 단순한 투자가 아니라 전략적으로 가장 필요한 곳에 투자하는 것이 중요하다"고 강조했습니다. 오늘날 기업이 가장 전략적으로 투자해야 할 곳이 어디일까요? 바로 인재관리입니다.

특히 스타트업이나 중소 벤처기업, 신규사업에 진출하는 기업, 경쟁 회사를 앞서고자 하는 기업들은 불황기에 해당 분야에서 높은 성과를 낸 핵심인재를 영입해 기업의 수준을 한 단계 끌어올려야 합니다.

애플은 불황이 시작되면 반사적으로 인재시장에 주목합니다. 2001년 닷컴버블의 붕괴로 기업들이 일제히 긴축 경영에 돌입할 때 애플의 전 CEO였던 스티브 잡스는 연구개발비를 확대하면서 공격적으로 경영했습니다. 특히 경쟁 기업이 사업을 축소하는 과정에서 퇴사한 핵심인재들을 적극 영입했는데, 이들은 잡스가 내민 손을 잡아 애플 진영에 합류했습니다. 당시 영입한 인재들은 애플의 눈부신 성공에 크게 기여했습니다.

불황기에 어떻게 경영할 것인가를 놓고 고민하고 있다면 우수한 인재를 적극적으로 영입해 역전의 계기를 만들어보세요. 불황기에 인재보다 더 소중한 것은 없습니다. 물론 기존 인력마저 줄여야 하는 상황에서 인력을 충원하기는 부담스러운 일입니다. 그러나 10년 뒤를 생각한다면 불황이 깊을수록 인재 확보에 열중해야 합니다. 비용을 아끼기 위해 우수한 인재를 외면하는 것은 회사가 성장할 수 있는 기회를 놓치는 것이나 마찬가지입니다.

대기업 출신 임원 영입,
왜 실패하나

어느 시대를 살고 있는가

● ● ● ● ● ●

오랫동안 성장이 정체된 기업들은 돌파구를 찾기 위해 신규사업을 계획하면서 새로운 인재를 찾습니다. 사업은 어떤 사람이 맡느냐에 따라 성패가 결정되는 만큼 적임자를 찾는 것은 가장 중요한 과제입니다. 적임자만 찾는다면 사업이 절반은 성공했다고 할 수 있으니까요. 이때 대부분의 기업은 내부 인력보다는 관련 업무에서 성과를 내본 경험이 있는 외부 인력을 영입하려고 합니다.

기업이 신규사업을 총괄할 책임자를 구해달라고 의뢰하면 헤드헌팅 회사들은 많은 후보자들을 추천합니다. 후보자들 중에는 국내

외 명문 대학을 졸업하고 글로벌 MBA를 마치는 등 소위 화려한 스펙의 소유자들이 많습니다. 이들은 기본적인 자격 조건을 충족하고 있는 데다 국내외 대기업에서 직간접적으로 관련 업무를 경험해본 사람들입니다.

하지만 기업이 신규사업의 책임자를 영입할 때 경력과 스펙보다 더 중요하게 살펴봐야 할 것이 있습니다. 이들이 '어느 시대를 살고 있느냐' 하는 것입니다. 다시 말해 후보자의 관심이 어느 시대에 머물러 있는지, 어느 시대의 사람들을 만나고, 어느 시대의 사건과 사물에 흥미를 갖고 있는지를 면밀히 살펴봐야 합니다.

이런 관점에서 보면 사람들을 크게 세 부류로 나눌 수 있습니다.

먼저 '과거를 사는' 사람들입니다. 주로 연령대가 높은 이들의 관심은 온통 과거에 쏠려 있습니다. 이들은 고향 친구나 학창시절 동기동창, 예전 직장의 동료들과 자주 교류합니다. 삶의 중심이 과거에 머물러 있는 사람들은 새로운 일보다 현재 하고 있는 일들을 문제없이 관리하는 데 관심을 둡니다. 이들은 현재 상황에 맞는 역량이나 자질을 갖추지 못했거나, 미래를 도모하기에 열정이나 역량이 부족할 수도 있습니다.

이처럼 과거 지향적인 사고와 가치관을 갖고 있는 사람들에게 신규사업을 맡기는 것은 적절하지 않습니다. 신규사업은 아직 실현되지 않은 미래의 시장에서 경쟁해야 합니다. 그런데 사고와 가치관이 과거에 머물러 있다면 미래를 선도할 혁신적인 아이디어를 창출하기 어려울 것입니다.

따라서 기업은 영입하려는 사람의 학력과 경력이 화려하더라도, 그의 역량이 뛰어나고 경험이 풍부하더라도 그가 과거에 머물기를 좋아한다면 영입하지 않는 것이 좋습니다. 많은 중소·중견 기업들이 좋은 스펙만 보고 영입해 주요 임원으로 배치했다가 시간과 비용만 허비한 '쓴 경험'을 한두 번씩 갖고 있습니다.

두 번째는 '현재를 사는' 사람들입니다. 대부분의 직장인과 사업가들이 여기에 속할 것입니다. 현재를 중시하는 사람들은 상당히 합리적입니다. 따라서 아무리 매력적으로 보이는 사업이라도 새롭게 도전하기보다 안정을 추구하는 경향이 강합니다. 이들이 주로 만나는 사람도 현재 다니고 있는 직장이나 활동하고 있는 단체의 구성원인 경우가 많습니다.

이들은 미래의 어떤 것을 위해 현재를 희생하려고 하지 않습니다. 현재를 사는 사람은 찬란한 미래보다는 조금 부족하고 미흡하지만 안정된 현재를 선택합니다. 미래에 무언가를 얻으려다 보면 현재 잃어야 할 것들이 너무 많기 때문입니다. 이들은 미래의 그 무엇을 위해 현재의 안정이 흔들리는 것을 원치 않습니다. 물론 이들도 일정한 수준에서 위험을 감수하며 도전합니다. 그러나 이들은 결코 안정권을 벗어나지 않습니다. 현재의 안정된 삶이 심각한 위협을 받으면 언제든지 도전을 멈출 것입니다.

현재를 중시하는 이들 가운데 일부는 끊임없이 더 좋은 직장, 더 좋은 직책과 직무를 추구합니다. 그러나 이들이 회사의 핵심인재로 성장하기는 어렵습니다. 회사는 좋은 자리를 찾아다니는 사람보다 자신의 자리를 스스로 높이는 사람을 원하기 때문입니다. 멋진 집을 찾아다니는 사람이 아니라 자기 집을 멋지게 개조하는 사람을 선호하는 것입니다.

많은 기업의 채용 담당자들이 공기업 출신은 물론, 공기업에 지원해온 구직자들에게 좋은 점수를 주지 않는 이유도 여기에 있습니다. 이들 중 상당수는 현재를 사는 사람들이어서 위험을 감수하면서까지 미래에 도전하려 하지 않기 때문입니다. 일반적으로 기업들은 안정된 현실을 추구하는 사람을 선호하지 않습니다.

미래를 사는 인재들

• • • • • •

애플은 스티브 잡스 사후 지금까지 아이폰과 같이 세상을 깜짝 놀라게 할 혁신적인 제품을 선보이지 못하고 있습니다. 그런 애플이 신규사업으로 집중하고 있는 것이 바로 애플카입니다. 애플은 현재 보유하고 있는 기술과 미래에 구현할 기술을 바탕으로 기존에 볼 수 없었던 새로운 기능과 디자인의 신개념 자동차를 선보일 것으로 예상됩니다. 애플은 2014년 애플카 개발을 위한 '타이탄' 프로젝트를 추진하면서 내부의 인재를 발탁하는 것은 물론 외부에서도 수많은 인재들을 영입했습니다. 그러나 2년 만에 해당 프로젝트를 담당했던 여러 인재들이 떠나면서 계획이 대폭 축소 조정됐습니다. 이에 따라 업계에서도 회의적인 반응이 터져나오기 시작했습니다.

하지만 애플이 테슬라에서 전기차 설계에 참여했던 기술 담당 부사장 크리스 포릿(Chris Porrit)을 영입하자 애플카는 또다시 많은 사람들의 주목을 받고 있습니다. 포릿은 영국의 고급 스포츠카 애스턴마틴의 수석 엔지니어로 테슬라가 그를 영입하면서 "세계 최고의 리더이자 뛰어난 엔지니어"라고 평가한 인물입니다. 애플이 테슬라 출신의 인재들을 대거 영입하자 언론은 2023년에 애플카가 출시될 것이라는 낙관적인 전망을 쏟아내고 있습니다. 이처럼 애플은 경쟁업체의 핵심인재를 영입해 부진했던 신규사업의 돌파구를 마련했습니다. 그런데 애플은 왜 테슬라의 인재들을 영입했을까요?

미국의 전기자동차 회사 테슬라는 미래형 사업을 주도하는 대표적인 기업입니다. 테슬라는 내연기관 차량 못지않은 주행거리와 속도를 구현하는 고성능 순수 전기차를 출시하면서 세계 자동차 시장을 뒤흔들었습니다. 테슬라에서 만든 자동차가 순수 전기차에 자율주행 기능까지 탑재하면서 스마트카 시장을 주도하고 있습니다. 다만 테슬라에서 만든 자동차가 자율주행 도중 사고를 일으키면서 아직은 미완성이라는 평가를 받고 있습니다. 그러나 여기에 참여한 사람들은 미래의 기술을 구현할 수 있는 핵심인재들입니다. 애플은 자율주행을 완벽하게 구현하는 순수 전기차를 세상에 선보이기 위해 이들을 영입한 것입니다.

이처럼 신규사업의 책임자는 과거나 현재가 아니라 '미래를 사는' 사람이어야 합니다. 이들은 미래와 관련된 사업에서 일하고 있거나,

미래에 실현될 어떤 것을 확신하고 행동하는 사람들입니다. 미래를 사는 대표적인 인물이 테슬라의 CEO 일론 머스크입니다. 일론 머스크가 순수 전기로 운행하는 슈퍼카나 자율주행차, 무인 자동차를 만들겠다고 했을 때 사람들은 비현실적이고 무모한 도전이라고 말했습니다. 하지만 지금은 누구도 그것이 실현 불가능하다고 생각하지 않습니다.

기업이 신규사업을 시작해서 안착 단계에 도달하려면 수많은 어려움을 돌파해야 합니다. 신규사업 책임자는 미래에 대한 강한 확신과 뜨거운 열망을 가지고 무모해 보일 만큼 도전적이고, 고집불통이라는 비난을 받을 만큼 앞만 보고 가야 할 때도 있습니다. 따라서 신규사업 책임자는 가보지 않은 길을 신중하게 걸어가면서도 때로는 과감하게 밀어붙일 수 있는 결단력과 실행력을 가진 사람이어야 합니다.

천재적인 조직 만드는 법

누구를 책임자로 선정할 것인가

● ● ● ● ● ●

신규사업을 추진할 책임자를 선정할 때 경영진들 사이에서 의견이 엇갈리는 부분이 있습니다. 바로 스페셜리스트(specialist)냐 제너럴리스트(generalist)냐 하는 것입니다. 한쪽은 전문지식과 경험이 사업의 성패를 좌우하므로 해당 분야에 대해 깊이 알고 있는 스페셜리스트가 필요하다고 주장합니다. 스페셜리스트야말로 관련 분야의 최신 동향에 밝기 때문에 직원들에게 명확한 방향을 제시할 수 있다는 것입니다.

다른 쪽은 전문성도 중요하지만 조직을 이끌고 성과를 창출하려면 리더십을 갖춰야 한다고 주장합니다. 자신이 뛰어난 것보다 조직을 잘 이끌어야 성과를 만들어낼 수 있다는 것입니다. 따라서 특정 분야의 전문가보다 사업 전반을 폭넓게 살필 수 있고, 팀원과 부서 간 소통에 능한 제너럴리스트가 필요하다고 말합니다.

국내외를 막론하고 대부분의 기업들이 제너럴리스트보다 전문성을 갖춘 스페셜리스트를 선호합니다. 따라서 커리어를 쌓고자 하는 사람들도 전문성을 강화하는 쪽으로 자신의 진로를 선택합니다. 대학에서 마케팅을 전공했다면 직장에서도 마케팅 업무를 맡고, MBA 과정에서도 마케팅 분야를 심도 있게 공부한 다음 또다시 마케팅 분야의 직무를 맡는 식입니다. 한 분야의 업무만을 꾸준히 해오지 않은 사람은 채용 시장에서도 불리한 위치에 있습니다. 기업들이 제너럴리스트보다 스페셜리스트를 선호하기 때문입니다.

하지만 전통적으로 조직의 간부는 대부분 제너럴리스트였습니다. 직장에 들어가서 한동안 스페셜리스트로 활약하던 사람들도 승진해서 간부의 길로 접어들기 시작하면 제너럴리스트로 변신을 서두르게 됩니다.

리더로서 제너럴리스트가 각광받는 이유는 명확합니다. 제너럴리스트가 스페셜리스트보다 동기부여를 하는 능력이 탁월하기 때문입니다. 아무리 역량이 뛰어난 사람도 혼자서는 목표를 달성할 수 없습니다. 팀원들이 모두 자발적으로 성과 창출에 참여해야 하고, 그렇게 하기 위해서는 무엇보다 리더의 동기부여가 필요합니다.

리더는 혁신 설계자

● ● ● ● ● ● ●

기술이 빠르게 변화하고 소비자 트렌드가 급변하는 기업 환경에서 한 사람이 모든 혁신을 주도할 수는 없습니다. 글로벌 기업들이 유능한 인재들로 구성된 팀을 만들려고 하는 이유도 바로 여기에 있습니다. 따라서 이러한 인재들이 자신의 역량을 최대한 발휘해 혁신적인 아이디어를 낼 수 있도록 동기부여를 하는 리더가 있어야 기업이 변화에 대응하고 경쟁력을 유지할 수 있습니다.

리더십 전문가이자 하버드 대학교 경영대학원의 린다 힐(Linda Hill) 교수는 직원들이 스스로 혁신을 이뤄낼 수 있도록 동기부여를 하고 그에 맞는 환경을 만들어주는 리더를 '혁신 설계자'라고 이름 붙였습니다. 그는 지식 기반 경제 환경에서 관리보다 혁신이 더 중요하고, 리더는 '지속적인 혁신이 일어나는 조직을 만들어야 한다'고 말했습니다.

그에 따르면 유능한 리더는 뛰어난 인재를 모아서 '천재적인 조직'을 만들 줄 알아야 합니다. 그렇다면 어떻게 해야 천재적인 조직을 만들 수 있을까요? 바로 직원들이 '혁신 의지'와 '혁신 역량'을 갖출 수 있도록 동기부여를 하는 것입니다. 각각의 전문성을 가진 직원들이 협업을 통해 혁신적인 아이디어를 창출하려면 이들이 자유롭게 의견을 낼 수 있는 환경을 조성할 리더가 있어야 합니다. 혁신은 협업을 통해서 가능하기 때문입니다.

기업이 신규사업을 추진해서 성과를 올리려면 무엇보다 직원들의 자발적인 참여를 통해 혁신을 이끌어내야 합니다. 그런 점에서 스페셜리스트냐 제너럴리스트냐를 논하기 이전에 누가 동기부여를 잘하는 리더인지를 살펴봐야 합니다.

결정적 1퍼센트, 동기부여

● ● ● ● ● ●

첫째, 직원들의 이야기를 잘 들어줍니다. 상대방이 자신의 의견을 충분히 말할 수 있도록 중간에 말을 끊지 않고 경청합니다. 동기부여형 리더는 직원들과 자유롭게 의견을 교환하는 브레인스토밍 시간을 자주 갖는데, 이 또한 직원들의 의견과 아이디어를 최대한 끌어내기 위한 방법입니다. 직원들이 자신의 의견과 아이디어를 내는 것이야말로 참여 의지를 확실히 표현하는 것이니까요. 특히 최고의 팀워크를 끌어내기 위해 가장 중요한 것은 소통인데, 경청이야말로 소통의 시작입니다.

다음으로 직원들에게 업무와 권한을 위임합니다. 많은 리더들이 위임을 하지 않는 이유는 부하직원과 권력을 나누고 싶지 않기 때문입니다. 권력은 리더 고유의 영역이라고 생각하는 것입니다. 하지만 하버드 대학교 심리학과의 데이비드 맥클랜드(David McClelland) 교수는 권력이야말로 최고의 동기부여라고 주장합니다. 그에 따르면 조직의 관리자는 일반적으로 3가지 욕구를 충족하면서 동기부여를 얻는다고 합니다. 첫 번째는 다른 사람들에게 인정받는 존재가 되고 싶은 소속감, 두 번째는 목표를 달성하는 과정에서 느끼는 성취감, 세 번째는 조직 안에서 다른 사람들에게 영향력을 미칠 때 느끼는 권력입니다. 3가지 중에서 가장 강한 동기부여는 권력이라고 합니다. 리더가 직원들에게 업무를 위임하는 것은 곧 권력을 나누는 것입니다.

경영자가 상명하복식으로 업무를 부여해서는 결코 직원들의 의욕을 높일 수 없습니다. 리더가 직원들의 자율성을 존중하면서 믿고 맡긴다면 직원들은 내 일이라는 생각으로 더 의욕적으로 일하게 됩니다. 동기부여형 간부는 더 나아가서 단순히 일을 맡기는 데 그치지 않고 스스로 해낼 수 있도록 이끌어줍니다. 직원들이 자율적이고 주도적으로 일하면서 스스로 성장하고 성취하도록 만드는 것입니다. 그렇게 되면 직원은 점점 더 자긍심을 가지고 업무에 몰입할 수 있습니다.

마지막으로 직원들의 성과를 기꺼이 칭찬하고 인정합니다. 동기부여형 간부는 직원의 노력과 성과를 엄정하게 평가하고 합리적으로 보상합니다. 직원에게 기대하는 것을 명확하게 제시하고, 목표를 달성하면 아낌없이 칭찬해줍니다. 또 직원들이 하고 있는 일이 얼마나 중요한지 이해하고, 직원들이 그 일을 잘 수행할 것이라고 믿습니다.

전문성이 강조되면서 한국 기업에서도 스페셜리스트가 늘어나고 있습니다. 그러다 보니 스페셜리스트들을 조화롭게 이끌 리더형 제너럴리스트의 중요성 또한 커지고 있습니다. 하지만 각 분야 최고의 전문가들을 모아 시너지를 내기란 쉽지 않은 일입니다. 따라서 이들의 자발적인 참여를 이끌어내 성과를 달성하려면 뛰어난 동기부여 능력을 갖춘 리더가 필요합니다.

1986년부터 27년 동안 영국 프로 축구단 맨체스터 유나이티드의 감독으로 명성을 날렸던 알렉스 퍼거슨은 축구팀에서 감독의 역할을 이렇게 설명하고 있습니다.

"승리의 99퍼센트는 선수, 1퍼센트는 감독이 만든다. 하지만 감독이 없으면 100퍼센트가 될 수 없다."

경기를 하는 것은 선수지만 선수를 뛰게 만드는 것은 감독입니다. 이처럼 기업에서도 성공하려면 반드시 직원들을 열광하게 만들고 일에 몰입하게 만드는 뛰어난 리더가 있어야 합니다.

[극복]
직원 퇴사라는 함정에 걸려 넘어지지 마라

회사를 떠나는가, 상사를 떠나는가

● ● ● ● ● ● ●

"직원은 회사를 떠나는 것이 아니라 상사를 떠나는 것"이라는 말이 있습니다. 따라서 관리자들은 직원들의 이탈을 막기 위해 다양한 노력을 기울입니다. 직원들의 자율성을 존중하고, 업무에 몰입할 수 있는 환경을 만들어주고, 직원들과 자주 소통하면서, 회사의 비전과 현재 상황을 공유하죠. 하지만 무슨 이유인지 직원들의 이탈을 막을 수는 없습니다.

직원들이 퇴사하면 책임자는 물론 동료들도 동요하고 조직의 분위기도 침체됩니다. 특히 직원들이 연이어 이탈하거나 핵심인재가 떠나면 리더십이나 조직 운영 방식에 문제가 있는 것은 아닌가 하는 의문을 갖게 됩니다. 심지어 책임자는 자신감을 상실하거나 무력감 또는 자책감에 빠지기도 합니다. 탁월한 리더십으로 조직을 이끌던 사람이라도 직원들의 이탈을 대수롭지 않게 여길 수는 없습니다.

그렇다면 직원의 이직에 가장 큰 영향을 미치는 것은 무엇일까요? 갤럽 연구소가 전 세계 직장인 100만 명과 관리자 8만 명을 대상으로 조사한 결과 유능한 직원들이 회사를 떠나는 가장 큰 이유는 인간관계에서 비롯된 갈등이었습니다. 각종 연구 조사 결과를 보면 이직자 중 절반 이상이 상사와의 관계 때문에 직장을 그만두는 것으로 나타났습니다.

이처럼 직원들이 퇴사를 하는 이유는 대부분 상사 때문입니다. 따라서 기업들은 유능한 직원의 이탈을 막기 위해 리더십 강화에 신경을 씁니다. 대표적으로 구글은 "직원이 사직서를 낸다면 회사를 떠나는 것이 아니라 나쁜 관리자를 떠나는 것"이라는 점을 강조하고 있습니다. 구글은 체계적인 실험과 분석을 통해 최고의 관리자 밑에서 일하는 직원들은 최악의 관리자가 이끄는 직원들에 비해 좋은 성과를 거둘 뿐 아니라 이직률도 낮다는 사실을 발견했습니다.

유능한 리더의 함정

● ● ● ● ● ● ●

그렇다면 직원이 떠나는 이유가 모두 상사 때문일까요? 유능한 관리자가 이끄는 조직은 직원들이 퇴사하지 않을까요? 미국 일리노이 대학교의 라비 가젠드란(Ravi S. Gajendran)과 디파크 소모야(Deepak Somaya) 교수의 조사 결과는 전혀 다른 시각을 보여주고 있습니다. 다국적 IT 기업 직원 700명을 대상으로 조사한 결과 회사를 떠나는 직원들의 비율은 리더가 훌륭하든 그렇지 않든 비슷하게 나타났습니다. 상사의 리더십과 직원의 이직은 큰 관련이 없다는 것입니다. 미국 펜실베이니아 대학교 수미타 라그후람(Sumita Raghuram) 교수가 인도의 글로벌 IT 회사 직원 722명을 대상으로 조사한 결과도 마찬가지였습니다. 리더십이 뛰어난 사람도 직원의 이탈을 막을 수 없다는 것입니다.

훌륭한 리더 밑에서 일하는 직원들이 회사를 떠나는 이유는 크게 2가지입니다. 하나는 뛰어난 리더 밑에서 일하면 업무 역량이 높아져서 다른 기업으로부터 스카우트 제안을 받을 가능성이 높다는 것입니다. 또 하나는 훌륭한 리더의 지원과 격려를 받은 직원들은 더 큰 역할과 더 많은 연봉을 주는 곳에서 일하고자 한다는 것입니다. 그런데 이런 생각을 하는 직원들은 대부분 그 도전의 대상을 회사 밖에서 찾습니다. 훌륭한 리더가 직원들의 꿈을 더 크게 키워줌으로써 결과적으로 기업을 떠나게 하는 것이죠.

그동안 대부분의 경영진은 이직의 책임을 관리자에게 돌렸습니다. 하지만 조사 결과에서도 알 수 있듯이 훌륭한 리더도 직원들의 이직을 막을 수는 없습니다. 훌륭한 리더는 무능한 리더와 다른 방식으로 직원들의 이탈 압력을 높입니다. 더 넓은 세상에서 더 높이 올라가고자 하는 도전의 욕구를 자극하는 것이죠. 다시 말해 기업이 직원들의 꿈과 희망과 열정을 담아낼 수 없다면 리더가 아무리 노력해도 직원들의 이직을 막을 수 없습니다.

이처럼 리더가 직원의 이직에 영향을 미치는 것은 사실이지만 전적으로 리더의 책임이라고 할 수는 없습니다. 직원의 이직 사유가 리더의 리더십 범위를 벗어나는 경우도 많기 때문입니다. 직원들이 더 높은 곳에 도전하기 위해 회사를 떠나는 것이라면 리더의 리더십이나 조직 운영 방식에 심각한 문제가 있는 것은 아닐 테니까요.

누가, 왜, 회사를 떠나는가

● ● ● ● ● ● ●

업종이나 직무의 특성상 이직률이 높은 경우도 있습니다. 일반적으로 제조업이나 유통업처럼 조직 단위로 움직이는 기업은 직원의 이직률이 높지 않습니다. 반면 변호사, 의사, 약사, 변리사, 회계사, 컨설턴트처럼 직무 지향성이 강한 회사는 직원들이 이직을 쉽게 결정합니다. 또 팀으로 일하기보다 개별적으로 일하는 회사, 안정보다 성과 중심으로 경쟁이 치열한 회사의 이직률이 더 높습니다. 따라서 직원의 이직 문제를 다룰 때는 사업적 특성과 기업 문화를 충분히 감안해야 합니다. 모든 기업의 이직률을 동일한 잣대로 평가해서는 안 됩니다.

직원의 이직 문제에 있어서 얼마나 많은 직원들이 떠났는지는 중요하지 않습니다. 그보다는 누가 회사를 떠났느냐가 더 중요합니다. 여러 명이 회사를 떠났더라도 중추적인 역할을 하는 핵심 직원이 남아 있다면 큰 문제가 안 될 것입니다.

많은 리더들이 직원의 이직을 신경 쓰면서 자책감에 빠집니다. 하지만 직원의 이직으로 자신감을 상실해 조직 운영에 소극적이어서는 안 됩니다. 직원이 리더십이나 조직의 문제가 아니라 개인의 성장을 위해 떠난 것이라면 더 이상 연연해하지 말고 자신만의 방식으로 조직을 끌고 나가 성과를 창출해야 합니다.

리더가 소신을 굽히면 리더십을 발휘하기가 어려워집니다. 어떤 리더도 모든 직원들을 만족시킬 수 없고, 모든 직원들의 지지를 받을 수도 없습니다. 모든 직원들을 만족시키는 방향으로 조직을 운영하는 사람은 예스맨이 되고 말 것입니다. 예스맨은 결코 직원들을 목적지까지 이끌고 갈 수 없습니다.

리더들은 목적지를 향해 나아가는 과정에서 내부 갈등이나 일부 직원들의 이탈을 감수해야 합니다. 모든 직원들을 한 사람도 빠짐없이 목적지로 데려가겠다는 것은 욕심입니다. 그럴 경우 자칫 조직 전체가 무너질 수도 있습니다.

경영의 구루로 불리는 피터 드러커는 이렇게 말했습니다.

"당신은 상사를 좋아하거나 존경할 필요 없다. 상사를 증오할 필요도 없다. 단지 상사가 당신의 업무 성취와 완수, 그리고 개인적 성공의 근원이 되도록 관리하면 된다."

리더들도 같은 방식으로 직원을 대해야 합니다.

"당신은 직원들을 좋아하거나 사랑할 필요 없다. 다만 직원이 당신의 업무 성취와 완수, 그리고 개인적 성공의 근원이 되도록 관리하면 된다."

가족기업의 수익률은 왜 높은가

독일의 경제력을 지탱하는 가족기업

• • • • • •

'독일제(made in germany)'라고 하면 어떤 이미지가 떠오르나요? 제품이 정밀하고 튼튼하며 결점이 없을 것 같습니다. 한마디로 독일 제품은 비싼 값을 주고서라도 믿고 살 수 있다는 것입니다. 유럽연합(EU) 국가 중에서 경제 규모가 가장 클 뿐 아니라 세계 3위의 수출국인 독일의 경제력을 지탱하고 있는 것이 바로 이러한 검증된 제품력입니다. 그런데 이런 독일의 산업을 지탱하고 있는 것은 세계적인 대기업이 아니라 400만 개에 달하는 중소기업입니다.

또 하나 특이한 점은 이러한 중소기업 중에서도 탁월함을 인정받은 대부분의 기업이 100년 이상의 역사를 가진 장수기업이고, 그중 상당수가 가족기업이라는 것입니다. 독일은 길드(동업 조합) 문화의 전통에 따라 가족기업이 많습니다. 독일 전체 기업 중 84퍼센트가 가족기업으로 분류되고, 독일 전체 일자리의 70퍼센트, 국내총생산(GDP)의 60퍼센트가 가족기업에서 비롯된다고 합니다.

색연필로 유명한 필기구 브랜드 파버카스텔(Faber-Castell)은 독일의 대표적인 가족기업입니다. 파버카스텔은 세계 최초로 육각형 연필을 만들었는데, 반 고흐가 파버카스텔의 연필을 극찬했다는 이야기는 많이 알려져 있습니다. 252년간 8대째 가업을 이어오고 있는 파버카스텔은 가족기업의 장점으로 "단기적인 이익보다 장기적인 투자를 할 수 있다"는 점을 들었습니다. 파버카스텔은 연필을 만들기 위해 브라질에 20년간 나무를 키워왔는데, 가족기업이 아니었다면 수십 년을 기다려야 하는 장기투자를 할 수 없었을 것이라고 합니다.

한국에서는 재벌의 폐해가 주로 거론되면서 가족경영체제를 부정적으로 보는 시각이 많습니다. '족벌경영'이나 '세습경영'도 비판적인 시각에서 나온 말입니다. 그러나 독일의 경우처럼 미국과 유럽에서는 긍정적인 평가가 적지 않고, 가족경영체제에 대한 연구도 활발히 이뤄지고 있습니다.

가족경영체제와 전문경영인체제는 각각 명확한 장단점을 갖고 있기에 어느 쪽이 더 효율적이라고 단정하기 어렵습니다. 전문가들의 의견도 나뉘고 있습니다. 전문경영인체제를 높이 평가하는 사람들이 더 많지만, 가족경영체제의 강점을 언급하는 전문가들도 적지 않습니다.

S&P500지수를 앞서는 가족기업의 수익률

● ● ● ● ● ●

가족경영체제의 장점은 무엇보다 확고한 주인의식, 강력한 리더십, 과감한 투자, 신속한 의사 결정입니다. 특히 가족기업은 단기적 성과에 집착하지 않고 장기적 성장을 도모하기 때문에 전문경영인 체제에 비해 재무관리가 철저하다는 것이 매력적입니다. 컨설팅 기업 맥킨지의 조사 결과에 따르면 지역이나 산업과 무관하게 가족기업의 총주주수익률(TSR)은 MSCI월드지수(투자 비중을 결정하는 기준)와 유럽지수, S&P500지수를 2~3퍼센트포인트 앞서고 있습니다. 또 장수하는 대규모 가족기업은 비가족기업에 비해 성장 속도가 빠르고 위기 대응 능력이 뛰어날 뿐 아니라 시장수익률도 높은 것으로 나타났습니다.

세계적으로 가족기업이 번창하고 있는 것도 가족경영체제의 장점을 반증하는 것으로 볼 수 있습니다. 유럽연합(EU) 국가에서 가족기업이 차지하는 비중은 무려 60~90퍼센트입니다. 가족경영체제로 운영되는 기업들이 주로 소규모 자영업체인 것만은 아닙니다. 세계 1,000대 기업 가운데 3분의 1가량이 창업주 일가가 경영권을 행사하거나 경영에 참여하고 있습니다. 미국과 유럽 대기업의 30퍼센트, 동아시아와 라틴아메리카 대기업의 60퍼센트 이상이 가족경영체제로 운영되고 있습니다. 자동차 기업만 하더라도 일본의 도요타, 독일의 BMW와 포르쉐, 프랑스의 푸조, 이탈리아의 피아트 등이 모두 가족경영체제를 취하고 있습니다.

"가족기업의 실적이 더 우수하기 때문에 전문경영인체제의 기업 (managerial enterprise)을 위한 제도적 여건이 미비한 개발도상국에서는 가족기업을 경제 발전의 수단으로 적극 장려해야 한다."

하버드 대학교의 데이비드 랜디스(David S. Landes) 교수는 가족경영체제의 장점을 내세우면서 국가 주도로 가족경영체제를 적극적으로 확산시켜야 한다고 주장했습니다.

하지만 가족경영체제는 상당히 치명적인 약점을 안고 있기도 합니다. 자칫 잘못 경영함으로써 심각한 위기를 맞고 파산하는 기업들도 많습니다. 또 가족경영체제는 가족 간의 갈등이 경영에 큰 영향을 미칩니다. 경영에 참여하는 가족 구성원들이 화합하고 단결하면 조직력이 강해지지만 갈등하고 분열하면 조직력은 쉽게 무너지기 때문입니다.

무분별한 친인척 등용이나 정실인사, 외부 인력 활용 미흡, 기업가 정신 약화 등도 가족기업에서 자주 발생하는 문제입니다. 가족기업이 전문경영인체제에 비해 사안을 객관적인 시각으로 보지 못하거나 엄정하게 처리하지 못하는 것도 큰 약점입니다. 경영자가 가족에게 경영권을 승계할 경우 기업의 수익성이 4퍼센트포인트 이상 낮아질 뿐 아니라 상당수가 흑자에서 적자로 전환됐다는 조사 결과도 이와 무관하지 않습니다. 또한 수익성이 낮은 분야의 기업은 전문경영인이 CEO를 맡을 때보다 오너 가족이 CEO를 맡을 때 파산신청을 하거나 청산 절차에 들어갈 확률이 높게 나타났습니다.

직원보다 더 철저한 가족관리

● ● ● ● ● ●

그렇다면 가족경영체제의 문제점을 어떻게 보완해야 할까요?

첫째, 철저한 역량과 성과 중심으로 인사를 단행해야 합니다. 가족경영체제가 안고 있는 가장 큰 약점은 공정한 인사관리가 이뤄지기 어렵다는 것입니다. 경험과 지식이 부족한데도 가족 구성원이라는 이유만으로 고위직에 앉히고 주요 보직을 맡깁니다.

성공적으로 운영되고 있는 가족경영체제의 기업들은 최대한 소유와 경영을 분리하고자 노력합니다. 대주주인 가족 구성원들이 경영에 참여하는 것을 원칙적으로 제한하는 것입니다. 단지 가족이라는 이유만으로 능력 없는 사람을 간부급으로 채용하고, 대표이사나 주요 임원을 맡기는 일부 한국의 기업들과 다른 모습입니다. 성공한 가족기업은 가족 구성원이라 하더라도 처음부터 고위직이나 핵심 직무를 부여하지 않습니다. 다른 기업이나 기관에서 경험을 쌓지 않은 경우에는 가족 구성원이라 하더라도 절대 고위직을 맡기지 않습니다. 특히 임원직은 말단 직무부터 시작해 차근차근 단계를 밟아 올라가야 합니다.

독일의 가족기업은 가족경영체제의 단점을 보완하기 위해 직계 혈통을 고집하지 않습니다. 가족 구성원 중 적합한 인물이 없다면 외부의 전문경영인을 영입하기도 합니다. 또한 아무리 가문의 일원이라 하더라도 다른 회사에서 실무 경험을 쌓아야 이사진이 될 수 있습니다.

일부 가족기업은 외부 전문가들을 투입해 경영에 참여하고 있는 가족 구성원들의 역량과 성과를 매년 평가하기도 합니다. 회사의 주요 리더가 될 사람들을 미리 관리하는 것입니다. 이와 같은 평가 결과는 이사회에 보고될 뿐 아니라 인사에도 반영됩니다.

둘째, 이사회가 독립적으로 운영되어야 합니다. 가족경영체제는 도덕적 해이에 빠지거나 안목이 좁은 단점이 있습니다. 이를 극복하려면 반드시 객관적인 시각이 필요합니다. 내부 출신 인사는 아무리 역량이 뛰어나도 균형적인 시각을 가지는 데 한계가 있습니다. 가족 구성원들이 주요 보직을 맡고 있거나 실질적인 영향력을 행사하는 상황에서는 아무래도 객관적인 시각을 기대할 수 없습니다.

최근 국내 주요 금융지주나 대기업의 CEO 후보 선출 과정이 비판대에 오른 것도 이사회가 독립적이지 못하기 때문입니다. 국내 기업은 사내이사는 물론 사외이사까지 대표이사가 선임하는 경우가 많습니다. 그러다 보니 사외이사로 구성된 CEO 후보 추천위원회가 대표이사의 영향력에서 자유롭지 못합니다. 결국 현재의 대표이사가 CEO 후보를 결정하는 셈이죠. 현재의 대표이사가 연임 의사를 갖고 있다면 스스로를 추천해 대표이사가 되는 셈입니다. 따라서 이사회는 최대한 대표이사의 영향권에서 벗어난 외부 인사들로 구성하고, 철저하게 독립적으로 운영되어야 합니다.

가족기업 최대의 리스크

● ● ● ● ● ● ●

마지막으로 가족기업은 경영권 승계를 더욱 철저히 준비해야 합니다. 가족경영체제의 최대 리스크는 경영권 승계의 파행입니다. 경영권 승계 과정에서 재산과 직책을 놓고 가족 구성원 간에 갈등이 빚어진다면 조직과 사업은 큰 타격을 입게 됩니다. 한국의 대기업들은 대부분 경영권 승계 과정에서 가족 구성원 간의 갈등이 불거져 대중의 지탄을 받았습니다. 일부 대기업은 부자간, 형제간의 다툼으로 심각한 피해를 입었고, 이것을 회복하기까지 많은 시간과 비용이 들었습니다.

하지만 가족기업의 경영권 승계 과정에서 불거지는 갈등은 한국 기업만의 문제가 아닙니다. 홍콩중문대학교의 조셉 판(Joseph Fan) 교수는 타이완과 홍콩, 싱가포르 가족기업의 경영권 승계 과정을 조사한 결과 CEO 교체 전후 8년 동안 해당 기업들의 주가가 평균 60퍼센트 가까이 하락했다고 밝혔습니다. 그는 이런 현상이 중국에서도 발견된 것으로 볼 때 특정 나라에 국한된 현상이 아니라고 주장했습니다.

미국과 유럽의 가족기업은 후계자 교육에 많은 투자를 합니다. 선대 경영인이 후손들에게 직접 가문의 역사와 경영의 기본을 가르치는 기업도 있습니다. 미국의 대표적인 가족기업인 식료품 업체 카길(Cargill)은 기업 내에서 가족 구성원 교육 프로그램을 체계적으로 실행하고 있습니다. 이들이 가족 구성원을 교육하는 주요 목적은 2가지입니다. 하나는 미래의 지도자를 양성하는 것이고, 또 하나는 가업의 가치를 공유함으로써 가족 구성원의 분열을 막기 위함입니다. 앞에서도 말했듯이 가족기업의 경우 가족 구성원의 갈등은 심각한 위기를 초래하기 때문입니다.

가족경영체제는 이처럼 많은 장점과 약점을 가지고 있습니다. 따라서 가족기업의 최고경영자는 어떤 경영체제가 자신의 회사에 적합한지를 따져봐야 합니다. 그리고 가족 구성원이라도 회사에 필요한 역량과 경영자의 자질을 갖춘 사람만 등용해야 합니다. 이렇게 한다면 가족경영체제의 기업도 충분히 성과를 내고 지속 성장할 수 있습니다.

KI신서 7962

최고의 기업에서 배우는 인재경영 전략
사장의 원칙

1판 1쇄 발행 2019년 1월 24일
1판 2쇄 발행 2019년 1월 30일

지은이 신현만
펴낸이 김영곤 박선영   **펴낸곳** (주)북이십일 21세기북스

콘텐츠개발5팀 김지수 장인서
마케팅본부장 이은정
마케팅1팀 최성환 나은경 박화인
마케팅2팀 배상현 신혜진 김윤희
마케팅3팀 한충희 김수현 최명열
마케팅4팀 왕인정 정유진
홍보팀장 이혜연   **제작팀** 이영민

출판등록 2000년 5월 6일 제406-2003-061호
주소 (우 10881) 경기도 파주시 회동길 201(문발동)
대표전화 031-955-2100   **팩스** 031-955-2151   **이메일** book21@book21.co.kr

(주)북이십일 경계를 허무는 콘텐츠 리더

21세기북스 채널에서 도서 정보와 다양한 영상자료, 이벤트를 만나세요!
페이스북 facebook.com/jiinpill21   포스트 post.naver.com/21c_editors
인스타그램 instagram.com/jiinpill21   홈페이지 www.book21.com
서울대 가지 않아도 들을 수 있는 명강의! 〈서가명강〉
네이버 오디오클립, 팟빵, 팟캐스트에서 '서가명강'을 검색해보세요!

ⓒ 신현만, 2019

ISBN 978-89-509-7919-5 03320